백정연

장애인 가족과 함께 살고 장애인 동료와 함께 일하는
사회적기업가. 어린 시절 우연히 사회복지사가 일하는 모습을
보고 사회복지사를 꿈꾸기 시작했다. 대학에서 사회복지학을
공부하고 발달장애 관련 기관에서 일하다가, 세상의 모든
정보를 쉽게 만들어 보자는 취지로 사회적기업 '소소한소통'을
설립했다.
척수장애인 남편과 함께 살며 비장애인으로는 예상하지
못했던 보이지 않는 차별을 거의 매일 겪는다. 장애인과
결혼하고 장애 관련 분야에서 일한다는 이유만으로 착하다,
대단하다, 멋지다는 이야기를 자주 듣는다. 그 칭찬의 이면에
자리 잡은 더 뿌리 깊은 편견과 차별에 대해 더 자주, 더 널리
이야기하고 싶다.

페이스북 https://www.facebook.com/jeongyounbaek
유튜브 https://youtube.com/c/sosocomm

장애인과 함께 사는 법

장애인과 함께 사는 법

다양한 몸 사이의 경계를
허물기 위하여

백정연 지음

알기만 해도 의미 있는 일

처음 가는 장소로 길을 나설 때, 스마트폰으로 경로를 확인하고 교통수단을 선택한다. 걸어갈 만한 거리일지, 대중교통을 이용하는 게 합리적일지, 이도저도 아니어서 차를 가지고 나서야 할지. 경로를 정하면 시간을 계산한다. 버스로 20분, 도보 10분, 도합 30분. 지도 앱이 알려 주는 예상 시간에 여유 시간 10분을 더해 40분 전에 길을 나선다. 그럼 거의 예외 없이 예상한 시간에 그 장소에 도착한다. 도착하면 스마트폰을 꺼내 뉴스를 보거나 sns를 살피거나 메시지를 확인하면서 만나기로 한 사람이나 예정된 일정을 기다린다. 대체로는 비슷하다. 혼자 가든, 동료와 함께든, 친구와 함께든.

그런데 이 당연한 일이 남편과 함께면 달라진다. 가

장 먼저 약속 장소의 건물 구조를 파악한다. 건물 입구의 문은 충분히 큰가. 자동문인가, 당기거나 밀어서 여는 유리문인가 아니면 회전문인가. 진입로가 경사져 있다면 얼마나 경사져 있나. 혹시 계단이 있나, 어느 높이로 몇 개나 있나. 약속 장소는 몇 층인가. 건물에 엘리베이터는 있나.

다음으로는 대중교통을 이용할 수 있을지 파악한다. 지하철을 탄다면 어느 역에서 타고 어느 역에서 내려야 할지. 타는 역과 내리는 역에 엘리베이터는 있는지. 환승역내 환승 통로에 계단이나 경사로는 없는지. 지하철에서 내려 출구로 나와 약속 장소까지 가는 길에 턱이나 계단, 경사로는 없는지. 도착하면 화장실을 확인한다. 이 건물에 장애인화장실은 어디에 있나. 있기는 한가. 층마다 있나 1층에만 있나. 청소 도구로 가득 차 있나 아니면 이용이 가능한가.

이동 시간은 지도 앱이 일러 준 것보다 보통 1.5~2배 더 걸리고 도중에 예상 못한 일도 종종 일어나니, 충분히 일찍 나서야 한다. 대중교통 이용이 어려우면 장애인콜택시를 부르는데, 그러면 이동 시간은 사실상 예측하기 어려워진다. 1년에 한두 번, 특별한 날 일어나는 일이 아니라 새로운 사람을 만나거나 새로운 장소에

갈 때마다 겪는 일상이다.

장애인이동권운동은 2001년 오이도역 리프트 추락 참사 이후 본격화되어 지금까지 계속되고 있다. 그 목소리는 너무나 중요하고, 기본권으로서의 이동권은 누구에게나 언제나 보장되어야 한다. 하지만 장애인이동권이 얼마나 보장되어야 하며, 보장되지 않았을 때 장애인이 구체적으로 어떤 불편을 겪는지 아는 사람은 많지 않다. 선량한 시민으로서 막연히 옳은 일에 동의하는 것과 장애인의 동료이자 가족, 친구로서 내 옆에 있는 사람이 어떤 불편을 어느 빈도로 얼마나 겪는지 알기 때문에 필요한 일을 필요하다고 이야기하는 일은 같은 결과를 향하더라도 많이 다를 수 있다.

과거에 비해 많은 이들이 장애인권의 중요성을 알게 되었고 장애감수성의 필요성을 이야기한다. 하지만 장애인 한 명 한 명의 일상을 아는 사람은 여전히 많지 않다. 이동권 투쟁을 하는 장애인과 장애인권의 중요성을 이야기하는 사람의 모습은 더 자주, 더 다양한 형태로 보이게 되었지만 장애인의 일상은 여전히 우리 눈에 보이지 않기 때문이다. 우리 사회는 아직 장애인이 비장애인과 동등하게 생활할 만한 환경을 갖추지 못했다. 거리와 공공장소는 변함없이 장애인에게 불편한 장소이다. '불편하지만 옳은 일이니' 마지못해 배려하는 사람들의 태도와 '윤리의 수준이 향상되는 건 좋아도 나까지 적극적으로 당신의 삶을 알고 싶지는 않다'는 비장애인의 마음은 장애인의 일상을 더 멀리, 보이지 않는 곳으로 밀어낼 것이다.

15년 넘게 사회복지사로 일하며 일터에서 수많은 장애인을 만나고, 장애인의 삶을 다 알지는 못해도 어느 정도는 알고 있다 생각했다. 하지만 8년 전 척수장애인 남편과 결혼하며 그 생각은 완전히 바뀌었다. 그 시절 내가 직접 경험해서 쌓은 모든 지식은 장애인과 함께 사는 법이 아니라 비장애인의 태도로 장애인을 돕는 법에 초점이 맞춰져 있었다. 남편과 함께 살며 너무나 당연해서 인지조차 하지 못했던 많은 것들이 당연하지 않게 되었고, 비장애인의 무지가 장애인의 일상 유지를 얼마나 방해할 수 있는지 알게 되었다. 동시에 장애인이 불편하지 않게 살 수 있는 사회는 모두에게 더 좋은 사회라는 사실도 깨달았다.

그래서 이 책에서는 장애인권의 중요성이나 장애 감수성의 필요성보다 집과 직장, 그 외 개인적 공간에서 장애인이 어떤 일상을 보내는지 이야기해 보려 한다. 이 소소한 이야기와 크고 작은 문제 속에는 제도의 개선이 필요한 지점들도 물론 있을 테지만, 조금 더 많은 사람이 알기만 해도 의미 있을 사실이 수두룩하다.

이해해 보려는 마음 없이 선량함으로 순간의 불편함을 '참는' 이들은 종종 이야기한다.

"그 사람 장애인인 건 알겠는데, 그래도 다수한테 피해는 주지 말아야지."

"장애인을 위한 시설이나 제도가 없는 것도 아니잖아. 비장애인도 어느 정도 불편을 감수하면서 살고. 나도 공공장소 불편해. 뭐가 얼마나 더 필요하다는 거야?"

"집에서는 장애인이든 비장애인이든 각자 원하는 대로 사는 거 아냐? 그걸 어떻게 지원한다는 거지?"

장애인 중 약 10퍼센트만이 선천적 장애인이고 90퍼센트 이상은 사고나 질병 등으로 장애인이 된 중도 장애인이다. 거의 모든 장애인이 준비 없이 장애인이 된다. 학교나 직장에서 장애에 대한 교육과 논의 기회는 늘 부족하기에, 장애인이 되거나 장애인 가족이 되면 일상에서 겪는 거의 모든 불편이 개인의 문제가 된다. 수많은 장애인이 함께 겪는 일임에도 말이다. 내가 겪고 본 소소한 일상과 개인의 이야기가 장애인에 대한 미안한 거리감과 소극적 의문을 품고 사는 비장애인의 마음을 두드리길 바란다. 비장애인과 장애인이 서로를 좀 더 알아 가는 일은 결국 서로를, 사회 전체를 돕는 일이 될 것이다.

  책 제목을 '장애인과 함께 사는 법'으로 정했지만 나도 가깝지 않은 사람들의 삶은 제대로 알지 못한다. 그리고 그 삶들을 '장애인의 삶'과 '비장애인의 삶'으로 가르고 뭉뚱그릴 수도 없다. 그런 이유로 이 책에는 전체 장애인의 이야기가 아닌, 나와 가까운 일부 발달장애인, 일부 척수장애인의 이야기만 주로 담았다. 이 이야기를 시작으로 더 많은 장애인과 비장애인이 서로의 일상을 공유하고 더 자주 만나며 서로 이해하게 되기를 바란다.

I

동료로, 친구로 조금 더 편안하게

{ 1 }

쉬운 정보의 힘

나는 쉬운 정보를 만드는 회사에서 일한다. 쉬운 정보라고 하면 사람들은 의아해한다.

"쉬운 정보가 뭔가요?"

"세상에 있는 쉬운 것들을 모아서 가치 있는 정보형태로 가공한다는 건가요? 아니면 원래 있는 정보를 쉽게 만든다는 건가요?"

일상은 정보로 넘친다. 아침에 일어나면 날씨 정보를 확인하고, 출근 전에는 교통 정보를 살핀다. 뉴스는 간밤의 이슈를 정리해서 보여 주고, 등교하거나 출근해서 접하는 것도 모두 다양한 형태의 정보다. 그런데 정보는 모두에게 공평할까? 원하기만 하면 누구든 언제 어디서나 필요한 정보를 어렵지 않게 손에 넣을 수 있을까? 정보 격차, 정보 불평등 같은 단어가 심심찮게 들려오는 걸 보면 그렇지는 않은가 보다.

예를 들어 보자. 시각장애인은 눈으로 보는 데 어려움이 있기 때문에 점자나 음성을 통해 정보를 얻는다. 청각장애인은 수어로 소통하고, 필요한 정보를 수어나 글자로 요청하고 얻을 것이다. 시각장애인에게 점자, 청각장애인에게 수어가 필요하다는 사실은 우리 모두 알고 있다. 발달장애인은 어떨까? 발달장애는 인지, 언어, 사회성 등의 발달이 지연된 상태로, 발달장애인은 인지, 즉 정보를 받아들여 아는 데 어려움을 겪는다. 하지만 비장애인 다수가 발달장애에 대해서는 청각장애나 시각장애만큼 알지 못하고, 딱히 관심도 없기에 발달장애인에게 무엇이 필요한지 잘 모른다. 그 결과 비장애인에게 제공되는 정보가 그대로 제공되는데, 한자어, 외래어, 전문용어까지 뒤섞인 정보는 발달장애인은 물론 비장애인인 나조차도 때로는 완전히 이해하기 어렵다. 공평하지 않다.

이들의 알 권리를 보장하려면 쉬운 정보가 반드시 필요하다고 생각했고, 이런 신념이 생길 즈음 일명 발달장애인법, 「발달장애인 권리보장 및 지원에 관한 법률」이 통과(2014년 제정, 2015년 시행)되었다. 해외에서는 이미 20년도 더 전에 '쉬운 정보'easy read라는 개념이 정착되어 발달장애인의 권리로 지원되었다는 사실도 알게 되었다. 그때까지 국내에는 쉬운 정보를 만들거나 다루는 기관이 거의 없었고, 생길 때까지 기다리거나 정부에 요청하기보다 내가 시작해 보자고 마음먹었다. 이런 신념과 생각으로 쉬운 정보 만드는 일을 한 지 어느덧 5년이다. 쉬운 정보를 통해 여러모로 긍정적으로 변화하는 발달장애인의 삶을 매년 경험한다. 이 경험이 말할 수 없이 즐겁고 보람차서 쉬운 정보 만드는 일이 내 삶의 사명처럼 느껴진다. 회사 이름은 '소소한 소통'으로 지었다. 줄여서 '소소'. 일상의 소소한 순간까지 소통의 어려움이 없는 삶을 돕겠다는 의지를 담았다.

우리나라 복지제도는 기본적으로 신청주의다. 쉽게 말해, 필요한 사람이 직접 신청하지 않으면 복지서비스를 이용할 수 없다. 발달장애인이 이용할 수 있는 제도가 아무리 잘 갖추어져 있어도 이용하려면 먼저 신청해야 한다. 그런데 이런 서비스나 정책의 내용, 신청 방법과 절차를 설명하는 정보는 대개 제공자 중심이다. 해당 부처나 담당 기관에서는 관행처럼 쓰일지 몰라도 관용 표현, 한자, 전문용어까지 뒤섞인 정보는 처음 접하는 사람에게 낯설고 어렵다. 발달장애인은커녕 비장애인조차 필요한 정보를 얻거나 활용하기가 쉽지 않다. 때문에 발달장애인은 손해 보는 일이 잦고, 이것이 그들의 삶에 부정적 영향을 끼친다. 몰라서, 어려워서, 이해하지 못해서 신청하지 못했어도 그 서비스를 이용하지 못한 건 발달장애인 개인의 탓으로 여겨진다.

어딘가 잘못되었다고 생각했다. 개인의 노력으로 정보 격차를 줄일 수 없다면, 그런 격차는 사회문제고 사회의 지원이 필요하다고 생각했다. 그렇게, 평등한 알 권리를 보장하고 지원하겠다는 목표로 당장 발달장애인에게 필요한 정보부터 쉬운 정보로 만들기 시작했다.

이 일이 무엇을 의미하는지 당시에는 알지 못했다. 그런데 하다 보니 정보를 얻는다는 것은 단순히 알 권리를 누리는 것, 그 이상이라는 사실이 느껴졌다. 쉬운 정보를 접한 발달장애인은 몰라서 주변에 묻거나 결정을 위임하는 일이 줄어든다. 자연히 자신의 삶에 주체성을 갖는다. 내가 선택하고 결정한 경험이 차곡차곡 쌓이면서 자존감과 삶에 대한 만족감 또한 높아진다. 그리고 무엇보다 일상의 범위, 활동 영역이 확장된다.

성인 발달장애인은 비장애인에 비해 단조로운 삶

을 보내는 편이다. 복지서비스를 제공하는 기관을 드나들며 그곳 사람들과의 교류와 소통으로 삶의 경험을 쌓는다. 하지만 이해할 수 있는 정보가 다양해지면 새로운 경험을 시도하게 된다. 기관 밖, 비장애인이 다수인 사회로 나갈 기회가 더 자주 생긴다. 그렇게 기관 밖에서 일상을 보내는 발달장애인이 많아지면 그를 보며 다른 발달장애인도 자신감을 얻는다.

'나 같은 사람도 할 수 있구나.'

'나도 해 봐야지'

자연히 더 넓은 사회로 나아갈 동기를 부여받는다. 새로운 사람을 만나고 더 많은 경험을 하며 타인과 맺는 관계 또한 다양해지고 삶은 갈수록 풍성해진다. 쉽게 설명된 정보를 통해 새로운 지식을 쌓고 익히는 것은 물론, 몰라서 손해 보거나 피해 보는 일도 줄어든다.

쉬운 정보가 없었을 때는 발달장애인이 무언가를 어려워하면 '그러니까 발달장애인이지' '발달장애인이니까 어렵겠지' 하고 생각하는 것이 당연했다. 하지만 쉬운 정보가 보편화되면 발달장애인이 무언가를 어려워할 때 그 원인은 '쉬운 정보의 부재'가 될 것이다. 시각장애인이 점자로 글을 읽고 청각장애인이 수어로 의사소통하는 것처럼 발달장애인은 쉬운 정보로 세상을 이해하고 사람들과 소통할 것이다. 그런 정보를 제공하지 않는 사회에 잘못의 원인과 책임이 돌아갈 것이다.

쉬운 정보 만드는 일을 시작하자마자 가장 먼저 한 일은 정보의 사용자, 곧 나의 고객이 될 발달장애인을 만나는 일이었다. 10명을 초대해 간담회를 열었다. 일상을 살면서 어려운 정보로 난감했던 경험, 쉬운 정보가 필요했던 경험을 직접 듣고 싶어서 마련한 자리였다. 하지만 어느 누구도 입을 열지 못했다. 쉬운 정보에 대한 경험치가 없었기 때문이다. 그래서 더 소소하게 물어보았다.

"주말에 뭐 하세요?"

"설거지나 청소 같은 집안일은 주로 누구랑 같이 하시나요? 혼자 하세요?"

일상을 쪼개고 각각의 순간에 질문을 던져서 쉬운 정보가 필요한 주제나 상황을 찾아냈다.

"주말에는 자조모임 사람들이랑 영화 보러 가요."

"혼자 간 적은 없으세요? 영화표는 누가 사요?"

"직접 사 본 적은 없는데…… 영화표 끊는 거 어렵지 않나요?"

"안 어려워요. 제가 영화표 끊는 법 알려드리면 직접 가서 해 보고 싶으세요?"

"그럼요. 당연하죠!"

이때 간담회에 참석했던 발달장애인 대다수가 지금까지 감수위원으로 쉬운 정보 제작 과정에 참여한다. 감수위원은 소소한소통이 만든 쉬운 정보가 정말 쉬운지, 제공자가 아닌 사용자 중심으로 쓰인 게 맞는지 검토해서 쉬운 정보의 완성도를 높인다. 4년 넘게 쉬운 정보를 접한 이들은 이제 주어진 쉬운 정보를 제공받는 것을 넘어 먼저 목소리를 낸다. 일상의 어떤 정보가 더 쉽게 전달되어야 하는지 스스로 찾아 요구한다. 쉬운 정보를 제공받는 것과 요구하는 것은 발달장애인의 당연한 권리임을 자연스럽게 알게 되었다.

2018년에는 일하는 사람이면 모두가 마주하는 근로계약서를 쉬운 정보로 만드는 작업을 했다. 그러면서 한 청각장애인으로부터 쉬운 근로계약서가 자기에게도 큰 도움이 되었다는 피드백을 받았다. 선천적 청각장애인이었던 그는 날 때부터 수어로 의사소통을 해 왔기 때문에, 공용어인 한글이 마치 외국어처럼 계속 학습해야 하는 언어로 느껴진다고 했다. 그런 데다 계약서, 특히 근로계약서는 평소에 흔히 쓰지 않는 말로 가득 차 있어서 더 이해하기 어려웠단다. 그런데 계약 내용이 쉬운 말로 큼직큼직하게 쓰여 있고 그 옆에 이해를 돕는 그림까지 더해져 있으니 전혀 어렵지 않게 자신의 노동 조건을 이해할 수 있게 되었다며 감사한 마음을 전해 왔다.

　이 계기로 알게 되었다. 쉬운 정보는 발달장애인뿐 아니라 모두에게 유익하고 편리하다. 한국어가 익숙하지 않은 외국인, 언어를 배우고 있는 어린이, 인지능력이 점점 떨어져 가는 어르신 모두에게 그렇다. 같은 말을 두 번 세 번 설명할 일도 줄 것이다. 모르는 것을 들키지 않으려 애써 눈치 보는 일도 없어질 것이다. 서로 간의 오해도 줄고 마음 편한 소통이 늘어날 것이다. 그래서 계속 찾고 만든다. 장애인만이 아니라 우리 모두의 소통을 돕기 위해서.

근 로 계 약 서

일을 하고 돈을 받는 것에 대해 회사와 직원이 약속하는 문서

회사	와
직원	은

다음과 같이 일하기로
약속한다.

1. 일하는 기간

년	월	일 부터
년	월	일 까지

일하는 기간을 정하지 않을 때에는
일을 시작하는 날짜만 쓴다.

2. 일하는 장소

_____

_____

3. 일하는 내용

_____

_____

소소한소통에서 만든 쉬운 근로계약서

{ 2 }

장애인에 대해 안다는 착각

남편은 30대 초반 인도 여행 중에 갑자기 몸의 변화를 알아차렸다고 한다. 처음에는 게스트하우스에서 자고 일어나면 이불이 젖어 있었단다. 아침마다 소변 묻은 이불을 빠는 일이 잦아졌고, 점점 잠들기도 불안해졌다. 그러다가 어느 날에는 계단을 내려오다 주저앉았고, 심상치 않음을 느끼고 한국행 비행기표를 끊었다. 한국에 들어올 때는 다리에 걸을 힘이 없어 휠체어를 타야 했고 지금까지 휠체어를 사용하고 있다. 남편에게 장애는 그렇게 어느 날 갑자기 찾아왔다.

처음 만났을 때 남편은 한국척수장애인협회에서 일하고 있었다. 한국척수장애인협회는 우리나라 척수장애인과 가족을 위해 다양한 정책과 제도를 만들고 운영하는 일을 한다. 남편 주변에는 수많은 장애인이 있었고 나는 일터가 아닌 일상에서 자연스럽게 더 많은 장애인을 만나게 되었다.

어느 해 여름에는 척수장애인과 가족을 위한 여행 프로그램에 참여했다. 서울에서 출발해 강원도 어느 바닷마을에 도착했고, 저녁에는 강원도 척수장애인협회 직원들과 함께 식사했다. 한창 식사를 하며 이야기를 주고받던 중 갑자기 한 척수장애인이 자리를 떠 자가용 쪽으로 가서 차에 올라타 에어컨 바람을 쐬었다. 그 모습을 보며 더운 건 모두 마찬가진데 참 유별나다고, 타인에 대한 배려가 부족한 사람이라고 생각했다. 나중에 남편에게 그 이야기를 했더니 남편이 그가 식사 중간에 에어컨 바람을 쐴 수밖에 없는 이유를 설명해 주었다. 처음 듣는 이야기라 너무 놀랐고, 그만큼 미안했다. 사회복지사로 10년 넘게 일하면서 나름대로 많은 장애인 클라이언트를 만났다고 생각했는데, 여전히 모르는 게 너무 많다고도 생각했다. 시간이 한참 지났고, 그동안 더 많은 장애인을 알게 되었다. 그리고 이제는 당연히 모를 수밖에 없다고 생각한다. 처음 만난 사람의 성격이나 기질을 단번에 알 수 없듯 말이다.

장애를 공부하고 많은 장애인을 만나 보았다고 해서 장애인에 대해 어느 정도 안다고 생각하는 것은 편견이고 착각일 수 있다. 일터에서 업무로 만나 어떤 장애인을 알게 되더라도 그 사람을 알고 이해하는 데는 한계가 있다. 또한 모든 비장애인이 '비장애인 집단'에 속한 구성원이 아니듯 모든 장애인 역시 '장애인 집단'의 구성원이 아니다. 아무리 친구가 많아도 처음 보는 사람에 대해서는 전혀 알 수 없듯, 아무리 많은 장애인을 알아도 처음 보는 장애인에 대해서는 모르는 게 당연하다. 그때의 나는 사회복지사로서 '장애인인 그'를 몰라 주었던 것을 부끄러워했지만 지금은 부끄러워하기보다 더 많은 장애인을 그저 '그 사람'으로 만나고 소통하며, 장애가 아닌 다른 기질과 특성으로도 더 깊이 알아 가려 노력한다.

척수장애는 척추뼈가 골절 또는 탈구되거나 그 외 다른 이유로 척수•가 손상된 상태로, 목 부위가 손상되면 '경수손상', 가슴 부위가 손상되면 '흉수손상', 허리 부위가 손상되면 '요수손상'이라고 한다. 어느 날 남편이 다른 척수장애인을 만나 또 다른 척수장애인에 대해 이야기하며 "걔 경수야?" 하는 걸 듣고 '아, 그 사람 이름이 경수구나' 생각했는데, 그게 아니라 척수장애인들끼리는 경수, 흉수라는 표현을 일상적으로 쓰는 것이었다. 손상된 부위에 따라 장애의 정도와 타인의 지원이 필요한 일상생활의 범위가 다르기 때문에 손상된 신경 부위를 서로를 이해하는 기준으로 사용하는 것이다.

물론 같은 부위가 손상되었다고 해도 얼마나 손상되었느냐에 따라 감각기능이나 운동기능이 남아 있는 정도가 다르다. 그날 식사 중에 에어컨 바람을 쐬던 분은 '경수'였고, 경수는 체내의 열이 체외로 발산되지 않는다. 쉽게 말해 땀이 몸 밖으로 배출되지 않아 체내의 열이 식지 않으니 더위를 견디기가 남들보다 어렵다. 흔히 생기는 땀띠가 피부염이 되는 일도 다반사다.

남편은 '흉수'라 가슴 위로는 모든 기능이 살아 있고, 앉아서 하는 일에는 어려움이 없다. 땀을 배출하는 데에도 아무 문제가 없는데, 더운 여름에도 몸에 딱 맞는 휠체어에 종일 앉아 있다 보니 허벅지 사이가 난리다. 결혼 후 양 허벅지 안쪽에 베이비파우더를 바르는 남편을 보고 조금 당황했는데 이제는 자칫 소홀했다가 땀띠나 피부염이 생길까 봐 내가 더 나서서 함께 챙긴다.

누군가가 보기에는 다 같은 척수장애인으로 보이겠지만 '경수'는 '흉수'나 '요수'에 비해 일상생활에 지원이 필요한 경우가 더 많다. 젓가락질은 어려워서 식기로 주로 포크를 사용하고 컵을 들 때는 양 손바닥을 이용해 두 손으로 들어 올리거나 머그잔 손잡이에 손바닥을 끼워 손 전체의 힘을 사용한다. 손상 정도가 더 심하면 손으로 물건을 잡거나 들기도 어려워 터치펜을 입에 물고 스마트 기기를 이용해 일상 활동에 도움을 얻기도 한다.

우리나라는 「장애인복지법」에 따라 장애 유형을 15가지 ●로 나눈다. 장애 유형을 분류하는 것은 그 사람에게 필요한 지원을 하기 위한 근거를 마련하기 위함이다. 하지만 많은 사람들이 장애 유형을 장애인을 분류하는 기준 또는 잣대로 생각한다. 그래서 같은 시각장애인이라도 전혀 다른 장애(정도)를 가지고 완전히 다른 삶을 살 거라 생각하지 않으며, 척수장애인들끼리도 서로의 상태에 대해 모르는 게 당연할 수 있다는 생각을 하지 못한다.

시각장애인이라 하더라도 전혀 보이지 않는 전맹의 시각장애인이 있는가 하면 사물의 윤곽을 알아보거나 빛을 구분할 수 있는 약시의 시각장애인이 있다. 청

● 지체장애인, 뇌병변장애인, 시각장애인, 청각장애인, 언어장애인, 지적장애인, 자폐성장애인, 정신장애인, 신장장애인, 호흡기장애인, 간장애인, 안면장애인, 장루·요루장애인, 뇌전증장애인.(「장애인복지법 시행령」 별표 1, 시행 2022년 1월 28일, 2022년 1월 25일 일부개정)

각장애인 중에도 전혀 듣지 못하는 농인과 청력이 남아 있는 난청의 청각장애인이 있다. 발달장애는 「장애인복지법」상 지적장애와 자폐성장애를 포함한다. 2015년 「발달장애인 권리보장 및 지원에 관한 법률」이 제정되면서 '발달장애'라는 표현을 쓰기로 정했다. 지적장애와 자폐성장애를 중복으로 가진 사람이 많고, 가족의 보호와 돌봄이 필요한 경우가 많아 정책으로 지원하는 방향이 유사하기 때문이다. 하지만 지적장애와 자폐성장애는 다르고, 자폐성장애의 경우 그 특성이 매우 다양해 '자폐스펙트럼 장애'라고 칭하기도 한다. 어떤 발달장애인은 읽거나 듣기보다 보는 것을 중요시한다. 정보에 대한 설명을 말로 듣는 것보다 눈으로 볼 때 더 정확히 이해하고 기억하는 것이다. 이 경우 언어적 정보보다 시각 정보에 접근할 수 있도록 하는 지원이 필요하며, 전혀 다른 경우도 당연히 존재한다.

지금은 없어진 장애등급제●. 예전에는 장애 등급으로 사람을 판단하기도 했다. 1급이냐 2급이냐 3급이냐로 장애 정도를 파악하고, 가능한 일상생활과 사회생활의 수준을 나누는 식이었다. 하지만 발달장애 1급이면

● 1989년 「장애인복지법」 개정으로 도입되었다가 개별 장애인의 삶, 복지서비스에 대한 개별적 수요를 제대로 반영하지 못한다는 이유로 2019년 7월부터 단계적 폐지가 결정되었다. 이후부터는 등록장애인을 '장애의 정도가 심한 장애인'(중증)과 '장애의 정도가 심하지 않은 장애인'(경증)으로 구분해 지원하고 있다.

서 우리말을 읽고 쓰는 데 어려움이 없는 사람도 있었고, 발달장애 3급인데도 읽고 쓰기는 전혀 못하는 사람도 있었다.

장애인을 장애인으로만 보면 결코 그 사람을 제대로 이해할 수 없다. 당연히 그 사람에게 어떤 지원이 필요한지도 알 수 없으며, 그의 삶을 이해하기는 더 어렵다. 한 장애인이 가진 고유한 특징에는 장애로 인한 특성도 있지만, 개인이 가진 기질적 특성, 성향, 성격 등도 있다. 비장애인이 사람마다 고유의 특징을 가진 것처럼 장애인도 똑같이 다르다.

장애인에게 다가가 소통하기를 어려워하는 비장애인들은 흔히 이야기한다.

"제가 장애에 대해 아는 게 없어서요……."

그런데 그들이 모르는 것은 장애 혹은 장애인이 아니라 그 사람이다. 장애인과 함께 살고 함께 일하는 나도 그 사람에 대해 모르고, 그 사람도 당신에 대해 아는 게 없다. 우리는 똑같이 모두 다르며 서로에 대해 제대로 모른다. 당신과 내가 장애인이든 비장애인이든.

{ 3 }

암묵적 합의보다 분명한 제안으로

소소한소통에서 발달장애인과 함께하는 감수 회의는 주로 평일 저녁이나 주말 낮에 한다. 감수위원 대다수가 각각 다른 직장에 다니고 있어서 근무시간을 피해 모임을 갖는 편이다. 코로나19 확산이 시작되면서 어려워졌지만, 이전까지는 점심시간이나 저녁시간 전에 회의를 하고 끝나면 함께 밥을 먹었다. 그날도 회의를 마치고 다 같이 중국음식점에 갔다. 각자 원하는 메뉴를 하나씩 고르고 나눠 먹을 군만두도 한 접시 시켰다. 사람은 다섯 명, 만두는 열 개. 그러면 말하지 않아도 다들 생각할 것이다.

'두 개씩 먹으면 되겠구나.'

그런데 만두가 나오자마자 누군가 자기 몫의 만두 두 개를 뚝딱 해치우고 세 번째 만두에 젓가락을 댔다.

"잠깐, 만두 몇 개째예요?"

　내 질문에 그는 당당히 세 개째라고 답했다. 얼른, 함께 나눠 먹으려고 한 접시를 시켰고 한 사람이 세 개를 먹으면 하나밖에 못 먹는 사람도 생긴다고 설명했다. 그러자 그는 새로운 사실을 알았다는 듯 "아 그렇군요!" 하며 젓가락을 내려놓았다.

　그날처럼 함께 식사를 할 때, 모여 앉은 사람들과 공유하는 음식을 적당히 나눠 먹어야 한다는 걸 모르는 발달장애인이 있으면 나는 그냥 넘어가거나 으레 양보하기보다 알려 준다. 식탐이 과하거나 배려하는 마음이 없어서 제 몫을 더 챙기는 게 아니라는 것을 알기 때문이다. 무엇보다 그가 음식 때문에 사람들에게 미움받거나 이기적인 사람 취급을 받는 것이 싫다. 음식 하나로 장애인은 이기적인 구석이 있다고 단정 짓는 이들이 생기는 것도 싫다.

　소소한소통을 설립하기 전부터 함께 일해 온 발달장애인 동료 진영은 전화로 수다 떠는 것을 좋아한다. 전화할 때마다 용건도 다양하다. 이직하려는 직장에 면접 보러 다녀온 일을 알려 주기도 하고, 내가 좋아하는 프로야구팀의 감독 교체 소식을 전하기도 한다. 예전 직장 동료의 근황을 전해 주기도 하고, 어느 날은 문득 "같이 일할 때 정연에게 저는 어떤 사람이었어요?"라고 물으며 과거 이야기를 늘어놓기도 한다. 프로야구 시즌이면 경기가 끝나는 시간쯤 울리는 벨은 항상 진영의 전화다. 용건은 매번 다르지만 전화하는 스타일은 한결같다. 전화를 받자마자 늘 자기가 말하고 싶은 주제로 직진. 통화하는 상대방의 상황에는 관심이 없다. 그러면 나는, 전화할 때는 상대가 통화 가능한 상황인지 먼저 물어보고 이야기를 시작하면 좋겠다고 매번 잔소리한다. 하지만 진영은 변함없이 한결같다. 나도 지지 않고 이야기한다.

"진영, 통화 가능한지 먼저 물어봐 줄래요?"

그제서야 "가능해요? 지금?"이라고 묻는 진영에게 "나 지금 밥 먹는 중이에요"라고 했더니, "저는 밥은 먹었고요"라며 다시 자신의 용건으로 넘어간다. 아……. 이건 내 잘못이다. 에둘러 말하면 눈치 채지 못한다는 걸 또 잊었다. 다시 한 번 이야기한다.

"진영, 나 지금 밥 먹는 중이니까 밥 다 먹고 내가 전화할게요."

마침내 진영은 알겠다며 전화를 끊는다.

어느 행사장에서 만나 내 명함을 건네주었던 발달장애인 이현은 그날로 내 연락처를 저장하고 매일 메시지를 보낸다. 밤낮을 가리지 않고 울리는 그의 메시지를 열면 "좋아한다" "사랑한다" "보고 싶다" 같은 표현이 가득하다. 친구나 가족과도 민망해서 잘 하지 않는 애정 표현을 얼굴과 이름만 아는 사람에게 매일같이 들으려니 부담스럽고 불편했다. 오래전의 나는 '답장하지 않으면 상처받을 거야' 하며 마음을 숨긴 채 꼬박꼬박 답장했을 텐데 지금의 나는 마음을 분명하게 꺼내 놓는다.

"이현 님, 제가 바쁠 때는 메시지 확인을 자주 하기 어려워요. 그런데 이현 님이 메시지를 너무 많이 보내시니까 답장하지 못해서 미안한 마음이 생기는 경우도 늘어나네요. 하루에 한 번만 연락해 줄래요? 그리고 우리는 행사장에서 딱 한 번 만났고, 그닥 가까운 사이가 아닌데 보고 싶다, 좋아한다는 표현은 조금 부담스러워요."

솔직하되 무례하지 않게 진심을 전달하면 모두 오해 없이 내 뜻을 알아준다. 그러면 어색하거나 부담스러운 관계도 조금 편해지고 불편한 마음이 생기는 일도 줄어든다.

어느 날은 지역 복지관에서 시민옹호인•을 대상으로 발달장애인과 관계 맺고 소통하는 법에 대해 강의해 달라는 제안을 받았다. 강의에서 만난 시민옹호인 대다수가 60대 이상의 연세 지긋한 분들이었다. 은퇴 후에도 당신 도움이 필요한 사람이 있으면 기꺼이 곁을 내어 주시는 분들이라 그런지 하나같이 온화한 표정으로 나를 맞이해 주셨다. 강의가 끝나고 한 분이 질문이 있다며 손을 들었다. 당신이 만나는 발달장애인 한 명이 연락을 너무 자주해 곤란하다는 것이다. 마치 이현처럼 그 시민옹호인이 만나는 발달장애인도 때를 가리지 않고 꼭 필요하지 않은 연락을 너무 자주 하고 있었다. 나는 나의 경험을 전하면서 솔직하되 상냥하게 마음에 있는 말을 하시라고 말씀드렸다.

비장애인에 비해 일상이 단조로운 발달장애인에게 이름과 연락처를 아는 사람이 생겼다는 것은 새 친구가 한 명 생겼다는 의미로 받아들여질 수 있다. 그러니 둘 사이의 관계에 대해 두 사람 중 한 명은 솔직하게 말해 주어야 한다. 그러지 않고 부담스러워서 연락을 피하거나 미안해서 에둘러 말하다가 관계를 끊어 버리는 식은 발달장애인이 바라는 일도, 그를 위하거나 배려하는 태도도 아니다.

• 장애인의 사회 참여와 권익 향상을 위해 활동하는 시민. 발달장애인과 만나 일상을 보내거나 문화·여가활동을 함께한다.

살다 보면 경험이나 눈치가 필요한 상황이 찾아온다. 잘은 모르지만 분위기를 봐서, 옆 사람의 표정을 봐서, 같은 장소에 모인 사람들의 차림새나 긴장감을 보고 말과 행동을 조심하게 되는 때가 꾸준히 생긴다. 대개 어릴 때는 알지 못하니 보호자의 행동을 관찰해서 학습하고, 자라면서는 주변 사람들을 모방하고 반복 경험하며 익숙해지기도 한다. 그런데 발달장애인에게는 이 눈치껏 학습하는 과정이 조금 어려울 수 있다. 대표적으로 조사弔事를 위로할 때 어떤 식으로 애도를 표현하며 어떤 예절이 필요한지 경험하거나 배우지 않으면 제대로 알 수 없다. 당연히 모를 수 있지만, 애도하러 모인 사람들 사이에서 의아한 행동을 하면 자칫 상을 당한 지인의 마음에 상처를 줄 수도 있다.

그래서 「이해하기 쉬운 장례식장 예절」이라는 소책자를 발간했다. 서로의 조사를 위로하는 자리에서 발달장애인도 제대로 애도를 표현하고 위로에 동참하길 바랐다. 늘 그랬듯 장례식장에서 일어나는 일들을 이해하기 쉬운 말로 풀어 쓰고 이해를 돕는 그림을 더해 발달장애인 당사자들의 감수를 거쳤다. 그리고 얼마 후 시아버지가 세상을 떠나셨다. 동료와 친구들이 조문을 와 주었고, 그중에는 당연히 발달장애인 동료도 있었다.

소소한소통의 감수위원 선규도 와 주었다. 어두운 색의 옷을 단정하게 차려입은 선규는 장례식장에 들어서자마자 조금의 머뭇거림도 없이 방명록에 이름을 쓰고 부조함에 봉투를 넣었다. 고인에게 헌화를 하고 향도 피웠다. 고인과 상주에게 절을 하더니 남편에게 다가와 손을 잡고 위로했다.

"승일이 형! 아버지가 돌아가셔서 얼마나 마음이 아프십니까. 삼가 고인의 명복을 빕니다."

진심을 다해 남편을 위로하는 선규가 고마워서 나도 남편도 눈물이 핑 돌았다. 인사를 나눈 후에 음식이 차려진 테이블로 선규를 안내했고, 우연히 선규와 나의 예전 직장 동료 한 명이 동석하게 되었다. 그도 일터에서 발달장애인을 만나던 사람이라 선규를 낯설어하지 않고 자연스럽게 이런저런 이야기를 나누는 것 같았다. 선규가 돌아간 후 그가 나에게 와서 말해 주었다. 장례식장에 와 본 적이 있느냐, 인사하는 게 어렵지 않느냐 하고 물었더니 선규가 자신감에 찬 목소리로 "어렵지 않았어요. 소소한소통에서 「이해하기 쉬운 장례식장 예절」을 만들 때 감수도 했고 집에서 나오기 전에 책을 한 번 더 보고 왔거든요." 하고 이야기했단다. 뿌듯함과 감사가 몰려왔다. '이런 정보도 필요하겠지' 막연히 짐

작하며 만든 정보가 실제로 쓰이는 상황을 내 눈으로 보고 겪으니, 더 많은 발달장애인과 관계 맺고 함께 살아가려면 더 부지런히 필요한 콘텐츠를 찾고 만들어야겠다는 생각이 들었다.

인간관계는 누구에게나 어렵다. 특히 발달장애인은 복잡한 관계에서 생겨나는 다양한 사회적 단서를 쉽게 알아차리지 못하기 때문에 더 어려울 것이다. 처한 상황을 눈치껏 알아채고 그에 맞게 처신하기도 힘들 것이다. 그래서 발달장애인에게는 혹여 실례가 될까 에둘러 말하는 것보다 분명하고 솔직하게 이야기하는 것이 좋다. 자기 몫보다 만두를 더 많이 먹는다고 해서 큰일이 생기는 것도 아니고, 매일같이 메시지를 보내며 과한 애정 표현을 하는 게 법을 위반하는 행위도 아니다. 하지만 어떤 이유로든 상대에게 느껴지는 소소한 불편이 쌓이고 쌓이면 그 관계는 지속되기 어렵다. 불편함을 참다가 말 없이 관계를 끝내기보다 불편한 것을 솔직하게 말하고 발달장애인과 친구로 지낼 수 있는 사람들이 더 많아지면 좋겠다.

{ **4** }

탈시설이 필요하다

주말이면 낮잠을 잔다. 10시까지 내내 자는 날도 있고, 피곤한 날은 점심이 훌쩍 지난 시간까지 세상모르고 잔다. 한 주를 얼마나 치열하게 살았느냐, 불금을 얼마나 화려하게 보냈느냐에 따라 주말 기상 시간이 달라진다. 끼니도 거르고 집안일도 팽개친 채 잠이라는 충전 방법을 선택하는 것은 주말만은 온전히 내가 나를 위해 쓸 수 있는 시간이며, 집 역시 내가 원하는 방식으로 사용할 수 있는 나의 공간이기 때문이다. 그런데 누구나 이런 공간에서 이런 시간을 누릴 수 있는 것은 아니다.

흔히 '거주시설'이라 불리는 장소에 사는 장애인들이 있다. '거주'의 의미를 사전에서 찾아보면 "일정한 곳에 머물러 사는 삶. 또는 그런 집"이라고 나온다. 그러나 거주에 '시설'이라는 단어가 붙는 순간 그 의미는 퇴색된다. 거주시설은 적어도 집처럼 온전히 자유롭게 지낼 수 있는 공간은 아니다. 식사는 정해진 시간에 해야하며, 일요일 아침이라도 밥 대신 짜장면을 시켜먹을 소소한 자유는 없는 경우가 많다. 여럿이 함께 사용하는 공간이니만큼 단체 생활을 해야 하고 자유보다 규칙이 중요시되기도 한다.

모든 사람에게는 자유를 선택할 자유가 주어져야 한다. 특히 집은 타인의 시선을 의식하지 않고 오롯이 나로 보낼 수 있는 시간을 누릴 수 있는 공간이다. 내가 좋아하는 것과 내가 선택한 것이 공간을 가득 메우고, 그 공간에서 보내는 시간에 행복을 느낀다. 그런 만큼 지금 대한민국 장애인복지 현장에서는 탈시설운동이 치열하게 일어나고 있다.

탈시설 장애인 생활시설에 거주하는 장애인이 장애인 생활시설에서 나와 지역사회에 통합되어 개인별 주택에서 자립을 위한 서비스를 제공받으며 자율적으로 살아가는 것(「장애인 탈시설지원 등에 관한 법률안」(탈시설지원법안)• 제2조 제5항)

• 2020년 12월 10일 세계인권선언일에 최혜영 더불어민주당 의원. 장혜영 정의당 의원을 비롯한 국회의원 68명이 공동으로 입

거주시설에는 장애인이라는 이유로 내가 아닌 가족이 선택한 장소에서 시설이 정한 방식으로 살고 있는 사람이 많다. 그들에게 어디서 살고 싶은지 묻고, 거주시설 밖에서 살고 싶다고 하면 그럴 수 있는 환경과 여건을 지원하는 것이 탈시설이다.

대학생 때 봉사 동아리에 가입해 4년 동안 매달 한 번 자원봉사를 했다. 주로 충남에 있는 장애인 거주시설로 갔는데, 그곳에서 처음으로 장애인을 마주했다. 텔레비전이나 영화에서 잠깐 보거나 길거리에서 스쳐 지나가는 것이 아니라 내 또래 친구들이 나와 전혀 다른 방식으로 하루를 보내는 모습을 접한 것이다. 굉장히 놀랐고, 이내 그들과 친구가 되고 싶다고 생각했다. 같이 놀고 같이 이야기하며 같은 일에 같이 기뻐하는 식으로 말이다. 4년 내내 한 번도 빠지지 않고 봉사활동을 할 수 있었던 동력도 그들이 나처럼 '보통의 삶'을 살았으면 하는 마음에서 비롯되었다.

그곳 시설에 거주하던 스무 명 남짓한 장애인은 각자의 집이나 방이 아닌 대궐같이 넓은 거실의 '자기 자리'에서 낮과 밤을 모두 보내고 있었다. 그 자리에서 텔레비전도 보고 밥도 먹고 잠도 잤다. 아무것도 하지 않고 멍하니 보내는 시간이 꽤 길었다. 헤어스타일은 쇼

법발의했다. 「장애인권리보장법안」(권리보장법)과 더불어 장애계가 '양대 법안'이라 부르는 법이기도 하다.

트커트나 스포츠머리로 모두 비슷해서 뒷모습을 보면 누가 누구인지 알 수 없었다. 공간과 외모를 포함한 자신의 삶을 원하는 대로 가꿀 수 없었고 프라이버시도 보장되지 않았다.

그때는 생각하지 못했다. 이런 시설 운영 방식이 어쩌면 폭력적일 수 있다는 것을. 그 공간이 사람들을 불행하게 만들 수 있고, 당시의 그들이 불행할 수도 있었을 거라는 사실을. 그들에게 더 행복하고 자신답게 살 기회를 만들어 줄 수 있을 거라는 생각을 조금도 하지 못했다. 그저 자원봉사자로서 나에게 주어진 일을 충실히 하는 게 그들을 위하는 일이라 생각했고, 매달 주어지는 설거지와 빨래, 식사 보조 일을 최선을 다해 했을 뿐이다. 20년도 더 전의 일이지만 가끔 그곳이 떠오른다. 그럴 때마다 '왜 그때 나는 시설이 아니라 사람을 위해 봉사하러 왔다, 그래야 한다는 생각을 하지 못했을까' 후회하고 자책한다.

지금의 나는 당연히 우리 사회에 탈시설이 필요하다고 생각한다. 물론, 현재의 거주시설은 내가 대학시절 봉사했던 곳보다 물리적 시설과 운영 방식이 훨씬 더 좋아졌다. 그럼에도 사람답게 살려면, '보통의 삶'을 살려면 일단 탈시설이 필요하다. 시설에 찾아가 봉사활동을 할 것이 아니라 장애인이 지역사회에서 비장애인과 함께 살아갈 수 있도록 지원해야 한다.

탈시설을 반대하는 이들이 있다는 것을 안다. 사실상 가족이 장애인을 돌볼 수밖에 없다면, 최소한 그런 이들을 위해서라도 거주시설은 마련되어 있어야 하며, 선택권은 주어져야 한다는 주장이다. 언뜻 맞는 이야기일 수 있다. 하지만 탈시설은 단순히 시설이라는 공간을 벗어나 혼자 사는 것만을 의미하지 않는다. 무엇보다 전제가 중요하다. 거주시설이 제공하던 지원과 돌봄, 관계가 지역사회 안에서도 동일하게 구현될 수 있도록 해야 한다는 전제. 거기에 나의 삶을 선택하고 결정할 수 있는 기회를 더하는 것이 진짜 탈시설의 의미다.

예전 직장의 자조모임에서 만난 발달장애인 종운도 오랜 시설 생활을 정리하고 탈시설한 후 지금까지 자신의 삶을 꾸리고 있다. 나보다 여섯 살 많았던 그에게는 부모님은 없었고 다른 지역에 사는 결혼한 누나 한 명이 있었다. 도움이 필요할 때 가까이서 도와줄 가족이 사실상 없는 셈이었다. 혼자 살아 본 경험도 전혀 없었지만, 탈시설 직전 그에게는 혼자 살고 싶다는 바람과 혼자 살 수 있다는 자신감이 가득했다. 다른 사람이 보기에는 다소 무모한 선택이었을 수 있지만, 그는 잘 살고 있고 앞으로도 잘 살아갈 것이다. 거주비 부담을 줄여 보려고 정부에 지원주택을 신청하기도 하고, 지원주택이 지하라 마음에 들지 않는다며 주민센터나 거주지원센터에 민원을 넣기도 한다. 말과 행동이 느리다. 균형감각을 잃어 길에서 넘어지고 얼굴 피부가 벗겨질 만큼 다치기도 한다. 오랫동안 면도를 제대로 못해 지저분한 얼굴로 나타날 때도 있다. 그래도 그는 자신이 원하는 삶을 행복하게 살고 있다. 지금도 나에게 가끔 안부를 물어오며 '보통의 삶'을 잘 살고 있다.

몇 해 전 알 만한 사람들은 이름만 들어도 아는 큰 장애인 거주시설 실무자들을 만난 적이 있다. 거주인(장애인)들의 정보 접근, 의사소통을 지원하며 쉬운 정보를 어떻게 활용하면 좋을지 교육하는 자리였다. 주말이면 외식을 한다고 하기에 메뉴는 어떻게 고르느냐고 물었더니 생각지도 못한 답이 돌아왔다.

"홈쇼핑 광고지를 보여 줘요."

어떻게 그런 방식을 생각하게 되었냐고 물었다.

"외식할 때마다 짜장면이 먹고 싶다고들 해서 짜장면을 좋아하는 건 줄 알았는데, 알고 보니 외식하며 먹어 본 음식이 짜장면밖에 없어서 항상 짜장면을 고른 거더라고요. 홈쇼핑 광고지에는 음식 사진이 많잖아요. 그걸 보면 먹어 보지 않은 음식이지만 어떤 맛일지 생각할 수도 있고."

효과(?)가 있었냐고 물으니, 그냥 말로 물어봤을 때보다 훨씬 다양한 음식을 선택하게 되었다고 이야기했다.

사람은 경험의 동물이다. 경험한 것은 지식이 되고 경험을 통해 내가 좋아하고 싫어하는 것을 찾을 수 있다. 좋아하는 것과 싫어하는 것을 알아야 선택과 결정을 할 수 있고, 그래야 내가 원하는 것으로 내 삶을 채워 나갈 수 있다. 어렸을 때부터 성인이 되기까지, 발달장애인은 비장애인에 비해 경험의 기회가 부족하다. 좋은 기회든 그렇지 않은 기회든 비장애인에게 자연스럽게 찾아오는 다양한 경험의 기회가 장애인에게는 쉽게 찾아오지 않는다. 담배를 피워 볼 기회, 술을 마셔 볼 기회, 운전할 기회, 여행할 기회, 아르바이트를 전전할 기회, 원하는 일로 돈 벌어 볼 기회, 연애할 기회, 이별할 기회…… 여러 사람과 관계 맺고 다양한 경험을 할수록 삶의 기술이 늘게 마련이다. 하지만 성인 발달장애인의 삶조차 대부분은 복지서비스 기관을 이용하거나 직장을 다니는 게 전부다. 거주시설 내 장애인의 삶은 더욱 단조롭다. 시설 내에서 삶의 많은 시간을 보내니, 새롭게 접하는 일과 만나는 사람은 갈수록 적어진다. 자신이 원하는 것을 찾고 선택하기보다 누군가가 정해 주는 대로 갖고 하는 것에 익숙해진다.

하지만 기회가 생긴다면 시간이 걸리고 조금 위험하더라도, 달라질 것이다. 나와 다른 사람들을 매일 만나고, 때마다 선택의 기로에 서고, 틀리더라도 내가 원하는 쪽을 선택하다 보면 비장애인이 누리는 것들을 장애인도 누리게 될 것이고, 다를 수밖에 없다고 생각했던 삶이 다르지 않게 될 수도 있다.

더 많은 장애인이 이웃으로 한 동네에서 함께 살면 좋겠다. 또 다른 종운을 동네 여기저기, 직장 이곳저곳에서 만나고 싶다.

{ 5 }

지나친 배려는 불편한 간섭

소소한소통 직원 형주는 매일 아침 기차를 타고 출근한다. 장애인은 지하철 요금이 무료고, 형주는 지하철을 이용하면 교통비를 들이지 않고 출퇴근할 수 있는 거리에 산다. 심지어 무궁화호는 배차 간격이 길어 지하철을 이용하는 것보다 출근시간이 더 걸리기도 한다. 시간과 비용의 합리성만 따지면 형주의 선택에 동의하기 어렵고, 잘못된 선택처럼 보인다. 하지만 철도 덕후인 형주에게 시간과 비용은 중요하지 않다. 좋아하는 무궁화호를 타려고 매일 아침 서두르니 지각도 하지 않는다. 교통비를 충당할 수 있을 만큼 월급을 받고, 무궁화호를 타며 사회생활로 인한 스트레스를 푸니 무궁화호 출근길은 적어도 형주에게만큼은 즐겁기만 하다.

　소소한소통에서 『서툴지만 혼자 살아 보겠습니다』 라는 단행본을 기획해 낸 적이 있다. 탈시설 정책으로 시설을 나와 지역사회에서 자립생활을 준비하는 발달장애인이 늘어나고 있는데, 그들에게 필요한 살림 정보를 쉽게 알려 주고 싶었다. 표지에서부터 살림하는 네 명의 발달장애인을 만날 수 있다. 이 네 사람의 탈시설기와 살림법이 책 내용의 골자다. 능수능란한 살림 전문가가 가르쳐 주는 노하우보다 자신과 같은 장애를 가진 사람들의 경험이 유익할 거라 생각했다. 먼저 살아 낸 사람들을 보고 다른 장애인들도 '아, 나도 할 수 있겠다'라는 자신감을 얻고 '아, 나도 혼자 살아 보고 싶다'라는 동기를 부여받길 바랐다.

　자립생활을 하고 있는 주인공 네 사람은 모두 각자의 방식으로 살고 있다. 정리 정돈을 잘하는 사람, 빨래와 다림질을 잘하는 사람, 요리를 잘하는 사람 등 잘하는 집안일도 모두 달랐다. 물론, 집안일을 싫어하고 잘못하는 사람도 있었다. 그냥 자신의 일상이니 당연히 해야 하는 일로 감당하며 살아가는 것이다. 그에게 이불, 베갯잇을 얼마 만에 한 번 세탁하느냐고 질문하니 냄새가 나면 빤다는 답이 돌아왔다. 우문현답이다.

자립해서 살고 있는 발달장애인 네 명에게는 공통점이 있었다. 처음에는 자립하는 것이 두려웠고, 실수도 많이 했지만 살아 보니 그리 어렵지 않다고, 지금은 혼자 살기에 자신 있다고 말한다. 밥물을 잘못 맞춰 질은 밥을 먹으며 밥하는 법을 익혔고, 정리를 잘못해 필요한 물건을 제때 찾지 못한 경험을 통해 자신만의 정리정돈 방법을 체득했다. 살면서 경험한 불편이나 실수를 반면교사 삼아 자신만의 공간에 맞는 살림법을 익히며 살아간다. 보통의 사람들처럼 말이다.

이 책의 기획 의도는 통했다. 책을 보고 자신감을 얻고 동기를 부여받아 살아가는 발달장애인들의 소식을 들었다. 언젠가 제주도에 부모 교육을 하러 가서 만난 한 발달장애인의 부모님은 청소년기의 자녀가 자립생활을 준비하고 있는데, 이 책을 보면서 하나씩 배워 가고 있다고 하셨다. 그렇다, 발달장애인도 혼자 살 수 있다. 충분히 연습할 기회만 있다면.

소소한소통에서 발달장애인을 채용하려고 면접을 볼 때, 혼자 외출하거나 의사소통하는 데 어려움이 있어 동행이 반드시 필요한 경우가 아니라면 부모님이나 보호자가 동행하지 않기를 권유한다. 함께 오신 부모님이 일할 당사자에게 묻는 질문에 대신 대답하거나, 발달장애인이 대답한 것을 평가하거나 번복하며 달리 설명하는 경우가 종종 있기 때문이다. 면접장에서뿐만이 아니다. 영상 촬영 스튜디오, 복지관 등에서 만나는 부모님들은 대부분 발달장애인의 목소리를 대변하거나 대리하는 역할을 자처한다. 발달장애인에게 물었는데, 부모님이 대답을 한다. 나는 그때마다 여러 가지 불편한 감정을 느낀다. 그리고 그때마다 발달장애인의 표정을 살피고 그 마음을 헤아려 본다. 많은 경우 발달장애인의 표정은 불편하거나 무기력하다. 나라도 그럴 것이다. 혼자 할 수 있는데 부모님이 늘 따라나서서 나의 목소리를 대신한다면, 창피하고 부끄러울 것 같다. 하고 싶거나 할 수 있는 이야기가 있음에도 나의 목소리를 내는 것이 어렵게만 느껴질 것 같다. 그리고 그런 나의 존재가 미약하게 느껴질 것 같다.

2015년 즈음부터 성인 자폐(성)장애인 자조모임●'에스타스'estas에 조력자●●로 참여하고 있다. 이 모임은 주로 온라인 메신저 단체 채팅방에서 의사소통을 하고, 중요한 안건은 총의를 통해 결정한다. 조력자인 나에게 요구되는 역할은 거의 없다. 그런 만큼 도움을 요청하

● 공통의 문제를 가진 사람들이 공통의 목적을 위하여 모인 자발적 모임. 우리나라에서 발달장애인 자조모임은 몇 년 전부터 활발하게 이루어지고 있다.

●● 자조모임 구성원들에게 필요한 정보를 안내하고 제공함으로써 구성원들의 이해를 돕는 역할을 하는 사람

거나 나의 의견을 묻거나 정보 제공이 필요할 때만 나서서 이야기하는데 내 성격대로라면 이미 몇 번은 "잠깐만요!"를 외쳤을 거다. 대화가 활발하게 오가는 채팅창을 가만히 보고 있으면, 하나같이 자기 이야기만 하고 있을 때도 있고, 한 사람이 나서서 상황 정리만 하면 깔끔하게 결정될 일을 필요 이상으로 오랫동안 붙들고 있는 것처럼 보일 때도 있다. 하지만 그건 내 시선, 지극히 성인 비장애인다운 관점으로 채팅창을 바라보았기 때문이기도 할 것이다. 나서고 싶은 마음을 꾹꾹 누르고 그들의 소통과 선택을 바라본다. 소통의 어려움으로 의사결정 과정이 길어지거나 잘못된 결정을 하기도 하지만 모두 그들의 선택이고 그들이 책임질 일이다. 주로 비장애인들이 속한 모임에서도 필요 이상의 대화는 늘 오가기 마련이고 잘못된 의사결정을 하는 경우 또한 드물지 않다. 역시 모두 그들의 선택이고 그들이 책임져야 한다.

결정은 빠르게 해야 한다거나 모든 결정은 옳고 바른 쪽으로 내려야 한다는 것도 고정관념일 수 있으며 그 강박을 버리면 발달장애인은 더 많은 일을 스스로 할 수 있다. 할 수 있는 일이 훨씬 많아질 것이다. 그렇지 않고 조력자가 나서서 대신 결정하는 일이 반복되면, 발달장애인이 정말 스스로 결정해야 할 때 자신이 원하는 것이 무엇인지 판단하고 선택하기 어려워질 것이다. 조력자는, 보호자는, 장애인 주변의 타인들은 장애인을 대신하는 사람이 아닌 돕는 사람이어야 한다.

눈 오는 날 신발을 잘못 신고 나간 적이 있다. 신발 바닥이 미끄러워서 걷는 내내 넘어지지 않을까 긴장이 되어 온몸에 힘이 들어갔다. 그날 집에 와서는 온몸이 쑤시고 아파 고생을 했다. 그러고 나서 다시는 눈 오는 날 그 신발을 신지 않는다. 하루 종일 고생한 경험을 통해 배웠다.

사람은 그렇다. 무수한 선택을 하고, 그 선택의 결과가 때로는 고되기도 하다. 고된 경험은 다음에 더 나은 선택을 할 수 있도록 돕는다. 선택하고 경험하고, 그 경험 이후 다른 선택을 할 수 있는 기회를 얻고. 이 자연스러운 과정을 당연히 발달장애인도 똑같이 누려야 한다.

모든 선택과 결정에는 책임이 따른다. 자신의 선택에 따르는 결실은 좋든 나쁘든 그 사람의 몫이다. 우리는 거의 매일 잘못된 선택 때문에 후회하고 고통받지만, 실수를 통해 배우고 더 나은 방향을 찾아간다.

나아가 사람들은 유독 장애인이 선택하고 결정할

때 안전을 강조한다. 안전한 선택과 바른 선택을 강조를 넘어 강요하는데, 그런 강요는 필연적으로 선택의 자율성을 침해한다. 또한 발달장애인이 실수, 실패로부터 배우고 성장할 수 있는 기회도 앗아 간다. 자신과 타인의 생명 혹은 재산을 크게 위협하지 않는 한, 누구도 누군가의 선택과 결정을 방해하면 안 된다. 옳고 바르며 안전한 선택을 할 권리는 물론이고 위험에 노출될 권리, 위험을 감수할 권리도 발달장애인에게 똑같이 주어져야 한다.

﹛6﹜

알면 이해합니다

소소한소통을 설립하기 전 마지막 직장에서 발달장애인과 동료로 함께 일한 적이 있다. 이전까지 발달장애인을 클라이언트로 만난 적은 있었지만 동료로 만난 적은 처음이었다. 발달장애인인 진영은 대학 졸업 후 이 회사에서 사회에 첫발을 내디뎠다. 거의 모든 직원이 자기 자리에서 개인용 컴퓨터로 사무를 처리하는 평범한 직장이었다. 진영의 자리에서는 늘 키보드 소리가 크게 들려왔고, 때때로 소리가 너무 커서 일에 집중하기 어려웠다. 부술 것처럼 키보드 치는 소리를 하루 종일 들으면 어떤 날은 두통이 생길 것만 같았다.

불편해한 직원들이 더 있다는 게 확인되어 작은 회

의가 열렸고, 진영이 직업 평가를 받아 보기로 했다. 직업 평가 결과, 소음은 진영의 장애 특성상 '소근육 감각 둔화'로 인해 생기는 것이라 어쩔 수 없는 것이란다. 쉽게 설명하면, 손가락 끝의 감각이 둔하여 본인은 세게 친다고 느끼지 못하는 것이라서 사실상 조절할 방법이 없다는 것이었다. 임시방편으로 키보드 스킨을 여러 장 깔았지만 소리가 크게 달라지지는 않았다. 하지만 나를 포함한 대부분의 동료가 발달장애에 대한 기본 이해가 있었고, 장애로 인한 상황임을 확인하고 나서는 자연스럽게 그 소리에 적응했다.

진영은 2년 후 계약 만료로 퇴사했고, 이후 여러 회사로 이직하며 다양한 사회 경험을 했다. 어떤 직장에서는 동료들과의 마찰이 유독 잦았다고 했는데, 진영에게 들어 보니 그 동료들이 (발달)장애인과 함께 일할 준비가 되어 있지 않은 듯했다. 키보드를 세게 치면 이유를 묻거나 어떤 문제가 있는지 확인하기보다 "너 때문에 일을 할 수가 없다"라며 짜증 섞인 화를 냈고, 정신과 약을 복용해 물을 많이 마시는 진영을 두고 "일하기 싫어서 자꾸 정수기에 왔다 갔다 하는 거냐?"라는 무례한 질문까지 했다고 한다. 동료의 부정적 반응에 힘들어하는 진영의 고민을 듣고, 본인의 장애를 동료에게 솔직하게 설명하라 조언했다. 키보드를 세게 치는 이유, 물을 자주 마시는 이유를 동료에게 직접 알리고, 회사 대표에게도 자신의 장애를 직원들에게 설명해 달라고 요구하라고 이야기했다. 하지만 동료들은 변하지 않았고 진영은 오래지 않아 그 직장을 그만두었다.

이후 진영과 나는 소소한소통에서 다시 만났다. 진영이 한 프로젝트 담당자로 채용되어 몇 달간 함께 일하게 된 것이다. 그런데 초기 며칠 동안 진영은 거의 매일 지각했다. 10분 이상 늦는 것도 아니고 1분, 3분. 조금만 발걸음을 서두르면 지각하지 않을 시간이었다. 대표로서 면담을 하고 근태 관리에 대한 권고도 하였으나 상황은 달라지지 않았다. 예전에 동료로 일할 때는 2년 동안 단 한 번도 지각을 하지 않았던 진영이라 그 상황이 더 답답하고 이해되지 않았다. 곰곰 생각한 끝에 예전 직장과 소소한소통의 차이점을 찾았다. 예전 직장은 지문 인식 기기로 출퇴근 시간을 체크해서 매번 눈으로 오고 간 시간을 확인할 수 있었던 데 반해 소소한소통은 규모가 작은 회사라 자율과 책임 기반으로, 출퇴근 시간을 기록하지 않고 있었다. 혹시나 하는 마음으로 출퇴근 기록 대장을 만들어 사용해 봤는데, 그날부터 신기하게도 지각이 사라졌다.

많은 발달장애인에게 시각 정보가 중요하다. 말로만 설명하기보다 글로 적거나 그림을 그려 설명하고 관련 사진을 보여 주면 정보 전달이 훨씬 잘 된다. 지금 소소한소통에서 함께 일하는 발달장애인 동료 형주에게도 시각 정보가 중요하다. 형주에게 말로 이야기하면 글로 이야기한 것보다 상대적으로 기억에 덜 남는다. 자신의 특성을 잘 아는 형주는 스스로 판단하기에 중요하다고 생각한 것은 사내 메신저로 한 번 더 남겨 달라고 요청한다. 나의 경우, 숫자로 번호를 매겨 가며 해야 할 일을 정리해 설명하거나, 구체적인 그림을 그려서 알려 준다. 내가 업무 관련 이야기를 하자고 하면 형주는 꼭 한 손에 다이어리를 들고 온다.

서로의 일하는 속도를 존중하는 것도 중요하다. 생각해 보면 비장애인도 저마다 일하는 속도가 달라서 누군가는 늘 쫓기며 일하고, 천천히만 하면 제대로 할 수 있는 일을 서두르다가 놓치거나 망치는 경우도 많다. 함께 일하며 좋은 결과를 내려면 서로가 서로의 일하는 속도를 확인하고 제각각 그 속도에 맞게 일할 수 있도록 서로를 지원해야 한다. 발달장애인과 일할 때도 마찬가지다. 숙련된 어느 비장애인의 속도를 무작정 강요하면 모두가 힘들어진다.

어린이집 보조교사로 일하는 은주는 한 직장에서 12년이나 근속한 성실한 사람이다. 그런데 어느 날 직장 이야기를 하다가 눈물을 보였다. 함께 일하는 어린이집 조리사 때문이었다. 은주는 장애 특성상 말과 행동이 느린 편이다. 조금 느린 것이지 못하는 것은 아닌데 매번 심하게 답답해하며 상처받을 만큼 거친 말을 해 왔다고 한다. 사회생활이 다 그렇다, 힘들다며 은주를 위로했지만, 전해 들은 조리사의 언행은 명백한 언어적·정서적 폭력이었다.

진영이 경험한 동료처럼 은주가 함께 일하는 조리사도 장애인, 아니 타인과 함께 일할 준비가 안 된 것이라 생각한다. 발달장애인도 일을 하려면 직업훈련을 받고 직장인으로서의 역량을 키우는 등의 노력을 해야 하지만, 발달장애인을 고용하는 회사나 함께 일할 동료도 충분한 준비를 해야 한다. 어떤 이유로든 함께 일하기로 했다면 동료를 이해하려는 최소한의 노력은 해야 하는 것처럼 말이다.

발달장애인을 고용하는 회사 중 '베어베터'라는 곳이 있다. 베어베터는 국내에서 발달장애인을 가장 많이 고용한 회사로 발달장애인의 특성과 강점을 고려해 직무를 설계한다. 발달장애인이 일을 잘할 수 있도록 직무를 배정하고 필요한 업무 환경과 도구를 지원한다. 하나의 일을 처음부터 끝까지 한 명의 발달장애인이 완수하기보다는 일의 과정을 단계별로 작게 쪼개서 각자가 잘하는 일을 담당하도록 한다. 일하는 데 필요한 아주 사소한 편의를 세세히 제공하는 점이 특히 돋보였다. 가령 꽃배달을 하는 사원이 꽃다발을 엉거주춤 들어 불편하지 않도록 전용 박스를 만들어 제공하는 식으로 말이다. 베어베터의 대표는 발달장애인이 일을 잘 못한다면 그건 일을 준 사람의 잘못이라 이야기한다. 발달장애인을 고용하는 모든 사업주가 유념해야 하는 말이라 생각한다.

소소한소통도 형주가 일할 수 있는 업무 환경을 고민하고 준비한다. 화분에 물을 주고 관리하는 일을 하는 형주를 위해 화분의 사진을 찍고, 화분마다 물 주는 날짜를 기재한 매뉴얼을 마련했다. 그래도 형주가 어려워해서 그 이후에 각각의 화분에, 물 줄 시기를 알려 주는 급수 센서를 꽂아 두었다. 복지제도 변화, 연말정산, 연봉협상 등 전사 공지 사항을 이해하기 어려워하면 개별 면담 시간을 잡아 형주가 이해할 수 있는 수준으로 쉽게 설명한다.

발달장애의 기본 특성을 이해하고, 함께 일하기 위

한 준비는 전사적으로 해야 한다. 정부가 직장 내 장애인 인식개선교육을 의무화●한 것은 장애인과 함께 일하고 살아가려면 기본적으로 장애를 바르게 이해하는 일이 선행되어야 하기 때문이다. 사업주는 발달장애인을 고용하기 전, 사내에 발달장애인이 함께 일할 수 있는 환경을 만들어야 하며 직원들이 발달장애를 이해하고 받아들이도록 교육해야 한다. 발달장애인이 일할 수 있는 조직문화와 업무 환경이 조성되기 전에 발달장애인을 고용한다면 당사자와 조직 모두에 상처가 될 수 있다. 장애인 고용의 취지에 공감하는 것도 중요하지만 더 중요한 건 함께 일할 환경과 장애인 동료를 받아들일 마음과 태도라는 걸, 알고 실천하는 일터가 늘어 가길 바란다.

●「장애인 고용촉진 및 직업재활법」과「장애인복지법」에 근거하여 2018년 5월 29일부터 사업주는 장애인 인식개선교육을 연 1회, 1시간 이상 실시해야 한다.

{ 7 }

다 이유가 있어요

최근 '볼살빵빵티비'라는 유튜브 채널을 즐겨 본다. 주로 발달장애인 동생과 비장애인 언니의 일상을 브이로그 형태로 촬영해 보여 주는 채널이다. 중증 발달장애를 가진 동생 채은은 몇 가지 단어와 짧은 문장으로 자신의 생각을 이야기한다. 기분에 따라 그때그때 내는 소리나 하는 행동이 다르다. 언니 채영은 그런 채은의 비언어적 메시지를 이해하고 영상에 자막 등을 넣어 구독자에게 채은의 이야기를 전한다. 동생의 입 모양과 얼굴 표정, 흥얼거리는 노랫소리 등을 통해 생각은 물론 감정까지 알아채는 언니. 내가 이 채널을 주목하고 좋아하게 된 이유다.

중증의 발달장애인은 비장애인처럼 온전한 문장으로 자신의 생각과 감정을 표현하지 못하는 경우가 많다. 내가 원하는 것이 분명히 있는데 상대에게 전달하지 못하면 어떨까? 다들 외국 여행을 하며 한 번쯤 언어가 통하지 않아 불편하고 답답했던 경험을 해 보았을 것이다. 그런데 그 상황이 잠깐 겪고 마는 여행이 아니라 평생 마주해야 하는 일상이라면? 생각만 해도 갑갑하다.

우리 모두 말하는 방식이 조금씩 다르듯, 발달장애인마다 생각과 감정을 표현하는 방식이 조금씩 다르다. 간혹 어떤 이는 조금 거칠거나 타인 또는 자신에게 상처가 되는 방식으로 표현하기도 한다. 사회복지사로 일하면서 이런 표현들에 해를 끼치려는 의도가 없다는 걸 나는 알았지만 우리 사회도 너그러이 알아주기를 바랐는데, 그 쉽지 않은 일을 이 유튜브 채널이 차근차근 해 나가고 있다. 다양한 일상 소재를 다룬 영상들을 하나하나 보고 있으면 채은의 여러 행동들이 유별나고 이상해 보이기보다 엉뚱하고 사랑스럽게 느껴진다. 주로 장애 특성이나 장애 에티켓 등을 일러 주는 장애인 인식개선 교육보다 유튜브 속 두 자매의 모습이 장애인을 이해하는 데 훨씬 큰 도움을 준다.

일본의 인기 작가 요시타케 신스케의 『이유가 있어

요』라는 책이 있다. 어른들이 미처 생각하지 못한 아이들의 행동은 아이의 시선과 관점으로 바라보아야 함을 이야기하는 책이다. 책을 보면 코를 후빈다든지 다리를 떤다든지 하는 아이들의 행동과 버릇에는 다 이유가 있다는 것을 느낄 수 있다. 아이들의 행동이 적절한지 어른의 입장에서만 판단하고, 부적절하게 느껴지는 행동을 저지하려고 다그치기보다 왜 그런 행동을 했는지 아이에게 직접 물어보아야 한단다.

발달장애인도 다르지 않다. 흔히 '도전적 행동'이라고들 하는 발달장애인 특유의 행동 특성이 있다. 소리를 지르거나 물건을 던지거나 꼬집고 무는 등의 위협적인 행동 등이 여기에 포함된다. 이런 행동에는 대개 해를 가하려는 목적이 없다. 그저 자신의 생각과 감정을 밖으로 표출하려는 거다. 언어적 요소로만 소통하기 어려운 발달장애인이 타인의 관심을 끌거나 자신이 처해 있는 상황에서 벗어나려고, 혹은 자신의 감각자극을 추구하려고, 행동과 소리와 몸짓 등의 비언어적 요소를 이용해 원하는 바를 표현하는 것이다.

몇몇 지역 발달장애인평생교육센터에서 자문위원으로 활동하며 분기에 한 번 사례 회의를 한다. 자기 손가락을 깨무는 것, 길을 가다가 길 가운데 드러눕는 것,

수업시간에 갑자기 귀를 틀어막고 수업에 참여하지 않는 것, 교사의 팔을 할퀴는 것, 두피가 보일 정도로 머리카락을 쥐어뜯는 것 등. 수없이 많은 사례를 놓고 센터 직원과 전문가들이 모여서 어떻게 지원해야 할지 머리를 맞댄다. 보통 가장 먼저 하는 일은 그 행동의 이유를 찾는 거다. 상황을 회피하려는 건지, 원하는 것을 요구하려는 건지, 관심을 받고자하는 건지 등 이유에 따라 지원 방법이 달라지기 때문이다.

선규는 종종 몸을 앞뒤로 살짝 흔들며 혹은 어딘가를 지긋이 바라보며 혼잣말을 한다. 무슨 말을 하는지 가만히 들어 보면, 어떤 날은 회사에서 있었던 일을 이야기하고 있고 어떤 날은 평소에도 자주 하던 말을 중얼대고 있다. 이렇게 혼자 반복하는 말을 '반향어'라고 한다. 아마 지하철이나 공공장소에서 혼잣말을 하며 왔다 갔다 하는 발달장애인을 한 번쯤 본 적이 있을 것이다. 반향어도 도전적 행동과 마찬가지로 행동 자체에 목적이 있는 것이 아니라(말을 반복하려는 목적으로 내뱉는 말이 아니라) 사람에 따라, 상황에 따라 그 이유가 다르다. 어떤 사람은 처한 상황이 불안해서 친숙한 표현을 되뇌며 마음을 차분하게 가라앉히고, 어떤 사람은 특정 상황에서 반복해서 들은 말이 기억에 남아서 그 말을 내내 웅얼거린다.

진영도 반향어를 한다. 진영의 경우, 대화를 끝낼 때 대화 내용 중 일부를 반복하는 식이다. 그는 가끔 나에게 "제가 반향어를 하나요?" 하고 묻는다. 반향어를 하는 발달장애인 중 대다수가 반향어를 하는 자신을 의식하지 못한다. 그래도 그 반향어 속에는 단서가 있다. 발달장애인이 반향어를 하는 이유를 파악하거나 계속하는 반향어를 귀 기울여 들음으로써 그 발달장애인의 마음 상태를 알 수도 있다.

소소한소통에서도 유튜브 채널을 운영하고 있다. 주로 소소한소통이 하는 일과 발달장애인을 위한 다양한 정보를 업로드하는데, 한번은 중증 발달장애인의 소통 방식에 대한 비장애인의 이해를 돕는 영상을 기획했다. 영상 주인공으로 '볼살빵빵티비'의 두 자매를 섭외했다. 둘을 촬영하던 날, 발달장애인 동생 채은이 건물 옥상에서 가지고 있던 과자를 갑자기 길거리로 내던졌고 이 일로 언니 채영에게 혼이 났다. 한껏 속이 상한 채은은 기분 나쁜 티를 잔뜩 내며 "이게 뭐야 지금!"이라는 말을 큰 소리로 반복했다. 동생이 왜 그렇게 그 말을 반복하는지 언니에게 물어보니 자기에게 혼나며 들었던 말을 반복하는 거란다. 아마 채은에게는 언니에게 혼나며 느낀 감정이 당시 마음속에서 가장 컸을 것이고, 그래서 반향어를 반복했던 것 같다. 지금도 나는 함께 있는 발달장애인이 반향어를 하면 그 말에 귀를 기울여 어떤 이유가 있는지 가늠해 본다.

누구나 감정을 느끼고 생각하며 살아간다. 그런 감정과 생각은 적절한 때 적절한 방식으로 표현되기도 하지만 나도 모르게 내 중심적으로 타인을 배려하지 못한 채 표출되기도 한다. 어떤 사람이 자신의 감정을 조절하지 못하고 공공장소 같은 곳에서 소리를 지르거나 난폭한 행동을 하면 '왜 저러지?' '무슨 일이지?' 하는 의문이 가장 먼저 올라온다. 하지만 장애인이라면 '아, 장애인이구나.' '장애인이라서 그런가 보다.' 하며 지나치는 게 현재 우리 사회의 보편이다. 이들의 이런 행동이 장애인의 이유 없는 행동이 아니라 그 '사람'의 행동이며 이유가 있다는 걸 한 번쯤 관심 갖고 들여다 보면 좋겠다. 우리 모두의 말과 행동, 표정에는 이유가 있다. 이는 장애인도 다르지 않다.

{ 8 }

스스로 할 수 있도록 돕자

2004년 7월, 사회복지사로 첫 직장에 입사했다. 발달장애인의 자립을 돕는 작은 규모의 센터였다. 입사 후 얼마 되지 않아 센터를 운영하는 법인 산하의 기관과 시설이 다 함께 제주도로 캠프를 갔다. 캠프 기간 동안 발달장애인 한 명마다 한두 명의 직원 또는 자원봉사자가 짝꿍으로 배정되었다. 짝꿍은 발달장애인이 캠프를 잘 즐길 수 있도록 돕는 역할을 했다. 나의 짝꿍은 나보다 나이가 조금 많은 발달장애인이었다. 자신의 생각을 문장으로 이야기하는 것은 어려웠고, 간단한 단어 또는 몸짓, 표정, 행동 등으로 생각을 표현했다. 화장실에 가고 싶다는 표현은 할 수 있었지만, 뒤처리는 혼자 하지 못해 도움이 필요했다. 유독 입에 손을 자주 가져갔고, 침이 묻은 손으로 자신과 주변 사람 그리고 물건을 만져 여기저기 침이 묻었다. 나는 물티슈와 물수건을 이용해 틈날 때마다 그의 손을 닦았고, 당연히 내가 해야 하는 일이라 생각했다. 그런 나의 행동은 캠프가 끝나고 평가 회의 시간에 선배들로부터 부정적 평가를 받았다. 대신 닦아 줄 것이 아니라, 자신이 닦을 수 있도록 티슈나 수건을 건넸어야 한다는 것이었다.

'무조건 대신할 것이 아니라, 할 수 있도록 지원하기'

학교에서 공부하고, 실습 교육을 받으며 머리로는 알고 있었다. 그런데도 첫 직장이라 의욕이 넘쳤고 막상 현장에 투입되어 일하다 보니 나도 모르게 머리보다 몸이 앞섰다. 이 실수를 통해 나는 크게 배웠고, 발달장애인을 지원하는 방법에 대해 강의할 때마다 이 경험을 공유한다. 지금도 같은 실수를 하지 않으려 노력하며 가끔 발달장애인과 함께 있을 때의 내 모습을 돌아본다.

우리나라는 「장애인고용촉진 및 직업재활법」으로 장애인이 자기 능력에 맞는 직장 생활을 할 수 있도록 돕는다. 가령 취업한 중증장애인이 담당 업무를 수행할 능력은 갖추었지만 장애로 인해 업무를 수행하는

데 어려움을 겪으면, 직업생활을 지원하는 사람(근로
지원인)을 보내 주고 그의 도움을 받아 업무를 수행하
며 안정적·지속적으로 직장 생활을 할 수 있도록 지원
한다.(제19조의2) 근로지원인 지원사업●은 발달장애
인이 일과 회사에 적응하고, 회사가 발달장애인 고용을
유지하는 데 꼭 필요한 제도다. 소소한소통 직원 형주
는 중증 발달장애인으로 근로지원인 지원사업의 대상
자다. 그런데 소소한소통은 정부의 일자리창출지원사
업●●을 통해 형주를 고용하며 급여 일부를 지원받았고,
이 경우 형주에게 근로지원인은 중복 지원이라, 소소한
소통에서 일하는 동안 형주는 근로지원인을 이용할 수
없다고 한다. 다른 수가 없어 비장애인 직원들이 돌아
가며 형주의 근로지원인 역할을 한다.

　　근로지원인의 기본 역할은 발달장애를 가진 직원
이 이해할 수 있는 방식으로 업무 내용을 천천히, 반복
하여 설명하는 것이다. 여기서 중요한 것은 못하는 일
을 대신 하는 것이 아니라 할 수 있도록 지원하는 것이
다. 그러려면 시간이 필요하다. 발달장애인은 소근육

● 직장생활에서 장애인이 수행하는 직무 중 핵심 업무를 제외한
부수적인 업무를 근로지원인의 도움을 받아 수행할 수 있도록 지
원하는 제도. 1일 8시간, 주 40시간 안에서 이용할 수 있으며 근로
자가 시간당 300원의 본인부담금을 납부해야 한다.
●● 예비사회적기업, 사회적기업이 신규 일자리를 창출할 수 있도
록 인건비 일부를 지원하는 사업

발달이 느리거나 시지각 능력에 제한이 있어 동작이 둔한 경우가 많다. 느리거나 둔한 것이지, 불가능한 것이 아니다. 따라서 스스로 할 수 있도록 충분한 시간을 갖고 기다려야 한다. 비장애인의 속도에 맞추라고 서두르거나 재촉하는 것은 지양해야 한다. 그 사람의 속도에 맞추어 그 사람이 스스로 할 수 있도록 기다린다면 많은 발달장애인이 혼자 해낼 수 있다. 형주가 서툴거나 느리더라도 우리 모두 형주를 기다린다. 그가 그의 속도로 그의 일을 할 수 있도록 말이다.

때로는 선택이나 결정을 어려워하는 발달장애인도 있다. 스스로 선택하거나 결정한 경험이 거의 없고 다른 사람이 대신 선택하고 결정한 것을 따라온 경우가 많기 때문이다. 하지만 이때도 당연히 기회 제공, 기다림, 상황에 따른 적절한 지원이 필요하다.

형주에게는 소소한소통이 첫 직장이다. 특수학교 전공과● 재학 중에 휴학하고 입사했고, 인턴으로 일하다가 정규직으로 전환되어 학교를 자퇴했다. 입사 후 얼마 되지 않아 코로나19가 확산되며 재택근무를 병행하기도 했고, 얼마 후 정부의 방역 지침에 따라 이전과는 조금 다른 모습으로 출근을 재개했다. 이전까지 우리는 점심시간에 전 직원이 함께 식사하는 경우가 많았

● 고등학교를 졸업한 특수교육 대상자가 진학하는 과정. 대부분의 특수학교에 전공과가 설치되어 있다.

다. 하지만 거리두기 규정으로 동행할 수 있는 인원이 둘, 넷, 여섯 등으로 제한되었고 자연스럽게 점심시간이면 몇 명씩 짝을 지어 다른 식당으로 흩어졌다. 그런데 형주는 좀처럼 식당에 가지 않고 배달 앱을 이용해 점심을 배달시켰다. 사무실에 남아 점심을 먹는 것은 아무 문제가 되지 않지만, 식당도 배달원도 가장 바쁜 점심시간에 주문을 하니 어느 날은 점심시간이 다 지나서 음식이 도착했다. 최소 주문 금액을 맞추느라 1인분이 넘는 음식을 배달시키면 음식을 버리는 경우도 많았다. 첫 일주일은 그 모습을 그대로 지켜보았다. 나는 발달장애인을 지원할 때 지원하고자 하는 영역이 권리의 영역인지 지원의 영역인지를 먼저 따져 본다. 일주일간의 관찰 결과 지원의 영역이라는 판단이 섰다.

선택지를 제시하지 않으면 유독 선택을 어려워하는 발달장애인이 있다. 점심을 다 같이 먹던 시기에 형주는 가고 싶은 식당을 선택하기보다 직원들을 따라가는 쪽이었다. 그러다 보니 회사 근처에 어떤 식당이 있는지 정확히 인지하지 못했을 것이고, 스스로 식당을 선택해야 할 때 마음속에 선택지가 그려지지 않았을 거다. 그런데 배달 앱을 켜면 선택지가 나타난다. 결정이 한껏 수월해졌을 것이고 그래서 배달 앱을 사용했을 가능성이 높다. 회사 주변에 있는 식당 중 형주가 즐겨 먹는 음식을 파는 곳을 가려 뽑고 식당 이름과 위치, 메뉴 등을 표로 정리한 후 이 표를 어떻게 사용하면 되는지, 알기 쉽게 정리한 활용팁을 짧게 적어 형주에게 건넸다. 회사 대표가 점심 먹는 것까지 관여한다고 생각할까 봐 건네주며 왜 이런 걸 만들었는지, 나의 의도와 진심이 전해지도록 조심스럽게 설명했다.

형주는 바로 다음 날부터 내가 건넨 식당 리스트를 활용했다. 점심시간이 다가오면 리스트 파일을 열어서 가고 싶은 식당을 결정한 다음 "저는 오늘 돈가스 당겨서 A식당 갈 건데, 혹시 같이 가실 분?" 하고 동행인을 찾기도 했다. 이전까지 형주가 동료들에게 먼저 다가가서 점심을 먹자고 한 적은 없다. 식당 리스트를 활용하며 덤으로 경험한 변화인 것이다. 처음 가 본 식당에서 마음에 드는 음식을 먹고 나면 스스로 리스트를 보충하기도 했다. 이 작은 지원으로 변화하며 점심시간을 자기 뜻대로 적극적으로 사용하는 형주를 보며 스스로 선택하고 결정할 수 있는 환경을 만드는 것, 대신 하는 것이 아니라 할 수 있도록 지원하는 것이 얼마나 중요한지 다시 한 번 깨달았다. 이후 다른 동네로 사무실을 이전했고 새로운 동네의 식당 리스트는 만들지 않았다. 내가 만든 리스트 없이 형주 스스로 회사 주변 식당을 파악하고 머릿속에 자기만의 리스트를 만들고 선택할 수 있게 되었기 때문이다.

발달장애인은 새로운 것을 배우고 익히는 데 충분한 시간과 연습이 필요하다. 그 시간과 연습을 통해 스스로 할 수 있는 일은 점차 늘어난다. 무언가를 스스로 해내는 과정에서 겪는 성취감은 또 다른 것에 도전해 볼 동기부여가 되기도 한다. 잊지 말자. 발달장애인이 자기 속도대로 스스로 할 수 있도록 기다리고 기회를 주어야 한다는 것을. 그 누구도 발달장애인에게서 스스로 할 수 있는 기회를 빼앗을 자격이 없다는 것을.

II

가족이 되고 나서야 알게 된 것들

{ 9 }

천사 같은 색시

시아버지가 암으로 입원해 계셨던 시기, 주말이면 남편과 병원으로 시아버지를 찾아뵈었다. 어느 날 병문안을 마치고 병원 앞 택시 승강장에서 남편과 장애인콜택시를 기다리고 있었다. 역시 택시를 타시려는지 우리 곁에 가까이 선 할머니가 갑자기 남편의 어깨를 쓰다듬으며 안쓰러워하신다.

"아이고. 잘생긴 양반이 어쩌다가 이렇게 되었대……."

아……. 욕을 하신 건 아닌데 기분이 언짢다. 잘생겼다는 건 분명 칭찬인데 기분이 나쁘다. 남편은 웃으며 가볍게 넘긴다.

"아, 네. 그렇게 되었어요."

나쁜 의도가 없음을 알고, 어르신이 하는 말씀이니 그냥 그러려니 생각하는 거다. 거기까지면 좋았을 텐데 한 마디 더 물으신다.

"어떻게? 결혼은 했수?"

남편이 나를 슬쩍 가리키며 아내라고 하니 할머니는,

"아이고! 이런 천사 같은 색시가 다 있나."

하시며 내 손을 연신 쓰다듬는다.

'하······.'

남편 옆에 서 있었을 뿐이었는데 그렇게 갑자기 천사가 되었다. 물론 한두 번 겪은 일은 아니다. 어느 날은 지하철 엘리베이터 안에서, 어느 날은 동네에서 가끔 뵈었던 어르신께 비슷한 말을 들었다. 그날 그들의 표정과 말투에 악의는 없었으나 차별받은 사람은 분명히 있다.

2014년 7월, 연애 1년 만에 남편과 결혼했다. 남편과의 연애 소식을 주변에 알렸을 때, 축하보다는 염려의 말을 많이 들었다. 부모님 마음을 걱정하는 사람부터 무조건 반대하는 사람까지 정말 단 한 명도 나의 연애를 온전히 기뻐하지 않았다. 이유는 하나, 남편이 휠체어를 사용하는 장애인이기 때문이다. 내가 경험한 첫 번째 장애인 (가족) 차별이었다. 어떻게 만났는지, 그 사람의 어떤 면이 좋은지, 결혼 생각은 있는지 같은 질문을 예상하고 준비해 간 대답들은 쓸모없게 돼 버렸다. 그때 준비한 답을 지금이라도 풀어놓자면, 시작은 치킨집이었다.

처음으로 둘이 맥주를 한잔하며 서로의 이야기를 주고받게 되었다. 비장애인으로 살다가 척수장애인이 된 지 10년이 넘었다는 남편에게 조심스럽게 물었다. 장애인으로 사는 삶은 어떠냐고. 남편은 특유의 따뜻한 미소를 지으며 말했다.

"축복이죠. 비장애인의 삶과 장애인의 삶을 다 살아 보는 건데, 이보다 더 큰 행운이 어디 있을까요."

부끄러웠다. 더 정확한 말로 했다면 그날 내 질문은 장애인으로 사는 삶이 불편하지는 않은지, 비장애인으로 살던 때가 그리워 마음이 힘들지는 않은지 같은 것이었다. 조심스러워서 에둘러 물었는데 예상 못한 답변을 들은 것이다. 머리는 어딘가에 부딪힌 것처럼 띵하고, 마음은 쥐구멍을 찾고 싶을 만큼 창피했다. 그리고 그 순간 남은 인생은 남편과 함께하겠노라 결심했다. '이 사람과 살면 앞으로 인생에서 무슨 일을 겪더라도 좌절

하지 않겠구나. 이 사람에게 기대어 살면 진정으로 행복할 수 있겠구나.' 확신했다.

결혼하며 우리는 비영리 공익재단인 아름다운재단의 '1퍼센트나눔'에 참여했다. 축의금의 1퍼센트를 기부하는 것이라 금전적으로도 큰 부담이 없었고, 우리의 결혼식을 자축하고 싶어 내린 결정이었다. 아름다운재단은 종종 나눔에 참여하는 사람들의 이야기를 취재해 블로그에 올리는데, 우리 결혼식도 그렇게 취재되었고 블로그에 오르며 몇몇 뉴스에 보도되기도 했다. 하지만 이후 우리 생각이나 뜻과 무관한 말들로 이어지는 기사들을 보며 괜한 일을 했다며 후회하기도 했다.

"남편 하반신 마비 '벽' 넘은 사랑 '그의 마음 나의 몸, 온전한 사랑 이뤘어요'"
"장애 극복 커플 '나눔의 결혼식'"
"사랑으로 장애 극복한 부부, 결혼식 축의금 아름다운재단 기부"

우리는 장애를 극복하지 않았으며, 극복의 대상으로 생각하지 않는다. 또한 나는 남편의 하반신을 '마비되었다'고 생각하지 않는다. 왠지 마비되었다고 하면,

마비를 풀려고 무언가를 해야 할 것처럼 느껴지는데, 나는 남편이 걷지 못하는 것이 아니라 다리 대신 휠체어로 걷는 것이라 생각한다. 기사가 나가고 괜스레 남편에게 미안했다. 비장애인이 장애인과 결혼한 것만으로 세상의 관심과 주목을 받아야 하는 사회가 불편했다. 그런 불편이 자주 있을 것 같은 불길한 예감도 들었고, 무엇보다 우리의 이런저런 선택이 의도와는 상관없이 날카로운 화살로 돌아온 느낌이 들어 당황스러웠다. 결혼 후 다양한 다큐멘터리 프로그램의 출연 제의를 받았으나, 결혼식 기부 기사의 불편한 기억 때문에 대부분의 프로그램 출연을 거절했다. 우리는 사랑해서 결혼했고 사랑해서 함께 사는 건데, 우리 삶을 장애인과 비장애인의 결혼이라는 프레임에 가두고 자극적인 제목과 슬픈 감정선을 억지로 뽑아내는 것이 불편하고 싫었다.

무엇이 손해고, 누가 천사일까? 그런 것은 없다고 생각한다. 그래도 굳이 궁금해할 사람들을 위해 조목조목 따져 보자면 무엇이든 남편이 나에게 맞추어 주고, 내가 남편 덕을 보는 일이 많으니 남편이 손해일 수 있겠다. 나는 일희일비하는 성격이라, 슬픈 감정이 들면 정신적으로 쉽게 연약해지는데 그럴 때면 남편이 단단해지도록 붙잡아 준다. 내가 원할 때면 언제든 여행을 떠나라며 여행 경비를 챙겨 주기도 한다. (결혼 후 7년 동안 남편은 출장 외의 용건으로 외박을 한 적이 없으나, 나는 친한 사람들과 여행으로 자주 집을 비운다.) 술에 취해서 "2차 가자"는 사람들을 우르르 집으로 끌고 와도 싫은 소리 한 번 한 적이 없다.

물론 함께 사는 데 불편도 있다. 함께 놀이기구를 타지 못하고, 제주도 바다 경치를 보며 둘레길을 걷지 못한다. 함께 한라산을 등반하거나, 스키를 타며 겨울을 즐길 수 없다. 여행지에서는 맛집보다 휠체어 접근성이 좋은 곳을 찾아야 한다. 백화점에 갔다가 엘리베이터에 사람이 많아 수십 분 동안 엘리베이터를 기다리기도 한다. 2시간 넘게 장애인콜택시를 기다려 외출하는 날도 많고, 장애인 주차 구역이 비장애인 차량으로 꽉 찼다면 불법 주차 신고를 하느라 정신이 없다. 하지만 이러한 불편은 남편의 장애 탓이 아니다. 남편이 사는, 장애인이 사는, 우리가 사는 사회와 환경 탓이다.

남편과 "텔레비전 속 불쌍한 사람이 되는 일은 하지 말자"라고 약속하며 거의 모든 프로그램 출연 제의를 거절했지만 한 군데에서는 거절할 수 없는 제안을 받았다. 지금은 정의당 국회의원이 된 작가이자 영화감독 장혜영이 EBS『다큐프라임』출연을 추천했다. 장 감독을 처음 안 건 그가 연출한 다큐멘터리 영화『어른이 되면』의 크라우드펀딩이 시작되면서였다. "중증 발달 장애인 동생과의 시설 밖 생존 일기"라는 카피에 이끌려 들여다보았는데, 그가 어떻게 탈시설한 동생을 지원하며 살아 나갈지, 어떤 메시지를 외치며 지역사회에서 함께 사는 모습을 보여 줄지 궁금했고 응원하고 싶었다. 펀딩에 참여했고, 개봉하자마자 영화를 보러 갔다. 그리고 그날로 장 감독의 팬이 되었다. 동생과 함께 보내는 일상의 모든 모습이 그 자체로 커다란 외침이었고 마음 깊은 울림을 주었다. 영화를 같은 제목의 책『어른이 되면』으로 펴냈을 때는 좋아하는 모임에 장 감독을 초대해 작은 북토크도 함께했다. 이런 그가 추천하는 바람에 남편과의 약속은 너무 쉽게 깨졌고 온전히 그를 믿고 마음을 바꿨다. 3부작으로 구성된 '부모와 다른 아이들'의 2부 '장애를 극복하지 않았습니다' 편에 출연했다.

우리 부부를 비롯해 몇몇 장애−비장애 부부의 이야기가 그려졌다. 출연자들은 하나같이 내가 착해서 장애인과 결혼한 것이 아니라 서로 사랑해서 우리가 결혼했다고 이야기했다. 어쩜 내 마음과 그렇게도 같은지. '특별해지고 싶지 않다'는 마음에도 온전히 공감했다. 우리 사랑은 한쪽의 희생이 아니며, 한쪽이 특별하지도 한쪽이 평범하지도 않다. 우리 부부만 그런 생각을 하며 사는 줄 알았는데 비슷한 생각을 가진 이들을 만난 자리였다는 것만으로도 반갑고 고마웠다. 방영 후 한 달쯤 되었을 때 방송국으로부터 프로그램이 '이달의 PD상'을 수상했다는 연락을 받았다. 우리 이야기를 다른 이들과 다르게, 우리의 마음과 가장 비슷한 형태로 전한 프로그램이 상을 받았단 이야기에 내가 상 받은 것처럼 기뻤다.

나는 천사도 아니고 손해 보는 결혼을 한 적이 없다. 남편을 위해 희생하지 않고 남편은 나의 무조건적 도움을 필요로 하지 않는다. 아침이면 출근하고 저녁이면 퇴근한다. 집안일을 나눠서 하고 피곤할 때는 서로에게 미룬다. 장애를 극복하지 않았고, 매일을 평범하게 산다. 여느 맞벌이 부부처럼 말이다.

{ 10 }

장애인이라서 겪는 불편

휠체어 사용자인 남편과 외출할 때와 나 혼자 외출할 때는 경로를 포함해 많은 것이 다르다. 목적지까지의 교통편이 다양하거나 자유롭지 않으며, 이동 시간도 평균 두 배 가까이 걸린다. 결혼 전 지하철은 충분히 훌륭한 대중교통이었으나 결혼 후 그 생각이 바뀌었다.

우리 집에서 가까운 대림역은 2, 7호선 환승역이다. 사람들의 동선을 따라 환승 통로가 설계되어 있고, 비장애인은 역내 어디서든 쉽게 환승하며 두 개 호선을 자유롭게 이용할 수 있다. 하지만 휠체어 사용자가 환승하려면 역 밖으로 한참을 이동해야 하며, 그 길에서 혼자서는 가기 어려운 경사로를 마주친다.

결혼 초기 남편은 함께 외출하면 평범한 사람들의 장애에 대한 무지와 웬만해선 드러나지 않는 사회의 불공평한 대우를 보고 그냥 넘어가지 않았다. 장애에 무지한 사람을 만나면 자기가 아는 것을 바르게 알려 줬고, 불공평한 상황을 마주하면 무엇이 잘못되었는지 설명하고 개선을 요구했다. 그런 남편의 모습이 때로 불편하고 창피했다. 일행이 아닌 척 멀리 떨어져 있었던 적도 있다. 사실 남편이 아니라 다른 사람들이 불편했다. 집중되는 시선이 싫어서, 멈칫하는 순간 '아, 오늘은 그냥 넘어가면 안 되나' 하는 생각도 함께 올라왔다. 지금은 완전히 뒤바뀌었다. 남편은 그러려니 넘어가는 상황에 내가 목소리를 낸다. 남편은 휠체어 사용자로 사는 시간이 길어지며 느리게 변하는 사회에 점점 적응하고, 나는 결혼 생활에 익숙해질수록 남편과 내가 마주하는 사회가 너무 다르다는 것을 더 절절히 느끼고 있다.

　　몇 년 전인데 어제 일처럼 생생한 사건이 있다. 수많은 날 중 하루였지만, 그날의 감정을 잊을 수가 없어 아직도 사건이라 표현한다. 어느 늦은 저녁 남편과 함께 지인을 만나 술을 한잔하고 집에 가려고 신도림역으로 갔다. 그런데 도착해서 아무리 찾아도 역내로 내려가는 엘리베이터가 보이지 않았다. 역사에 전화를 했더니 짜증 섞인 목소리로 공익요원을 보내겠다고 했다. 몇 분이 지났을까, 얼굴과 걸음에 짜증이 가득한 공익요원이 나타났다. 그리고 불쑥 "따라오세요" 한마디를 던지고 어딘가로 향했다. 그와 함께 도착한 곳은 테크노마트. 하지만 가는 길 어디에서도 테크노마트 안의 엘리베이터를 타고 신도림역으로 내려갈 수 있다는 방향 표시나 안내문 같은 것을 발견할 수 없었다. 어떤 휠체어 사용자가 와도 똑같이 헤맬 수밖에 없는 환경이었다. 그를 따라 승강장에 도착하긴 했지만, 그대로 집으로 갈 수가 없었다. 역내 사무실로 찾아갔고 부역장이라는 사람을 만나서 역 주변에 엘리베이터 위치 안내문을 게재해 달라고 요구했다. 무리한 요구라고 생각하지 않았지만 그는 내내 변명만 늘어놓았다. 구로구청과 테크노마트를 번갈아 언급하며, 본인들 관할이 아니라는 이야기만 계속했다. 승객을 위한 안내문 요구에 관할 이야기가 나오니 황당했고 오기가 생겼다. 나와 남편은 더 강하게 개선을 요구했고 부역장은 경찰을 불렀다. 경찰은 우리와 부역장의 대치 상황을 어이없어했고, 경찰의 설득으로 부역장은 안내문을 부착하겠다는 각서를 썼다. '소기의 목적'을 달성하고 나니 시간은 어느새 새벽 3시. 목적은 달성했지만 기분은 좋지 않았다. 경찰이 집에까지 데려다 주겠다고 했지만 경찰차에 남편 휠체어에 부착된 전동이동보조기기가 들어가지 않았다. 그렇게 우리는 새벽 공기와 함께 신도림역에 남겨졌다. 순간 짜증·화·억울함 등 여러 가지 감정이 북받쳐 주저앉아 대성통곡을 했고 남편은 그런 나의 등을 말없이 토닥였다.

내 목소리가 남편의 목소리보다 더 커진 건 이날부터였다. 장애인권운동을 시작하겠다는 식의 거창한 각오나 결심을 한 것은 아니었지만, 장애인에게 차별적인 사회의 모습을 마주하면 나도 모르게 화가 났고, 차별 상황을 모른 척 넘어가는 것에 양심의 가책을 느꼈다. 이런 내 모습을 보며 어쩔 땐 스스로가 숨은 활동가처럼 느껴졌다.

그 이후 가장 많이 하는 일은 장애인 주차 구역 모니터링이다. 아무리 바빠도 장애인 주차 구역을 보면 주차된 차가 장애인 차량인지 확인하고, 아니면 바로 휴대전화를 꺼내 들고 사진을 찍어 신고한다. 혼자 운전해서 외출한 남편이 장애인 주차 구역을 이용하지 못하면 고생하는 것을 잘 알고 있다. 그리고 그 공간이 남편에게 필요하다면 당연히 다른 장애인에게도 필요할 것이다. 그래서 장애인 주차 구역이 어떤 공간인지 관심조차 없이 무분별하게 이용하는 사람들에게 그 공간이 왜 따로 마련되어 있는지 누군가는 알려 줘야 한다.

비슷한 공간은 버스 안, 지하철 안에도 있다. 지하철에는 휠체어나 유모차 사용자를 위한 공간이 마련되어 있다. 하지만 보통 그 공간은 서 있는 사람들의 '기댈 벽'으로 쓰인다. 항상 비워 두기를 바라지는 않지만 휠체어 사용자가 탑승하면 비켜 주는 게 당연한데 많은 사람들이 휠체어를 보고도 휴대전화에 고개를 푹 파묻은 채 모른 척한다. 그럴 때 나는 슬쩍 다가가 자리를 비켜 달라고 부탁한다. 자리를 비켜 준 사람에게 고맙다고 인사를 하지만 속으로는 고마운 일이 아니라 당연한 일이라 생각한다.

우리 부부는 영화관 데이트를 좋아한다. 영화를 좋아하기도 하지만, 다른 문화생활에 비해 휠체어 사용자가 으레 감당(해야)하는 물리적 불편이 적기 때문이다. 영화관에는 장애인 좌석이 별도로 마련되어 있다. 대부분 영화관 맨 앞줄인데, 그곳은 영화 보는 내내 목디스크를 걱정해야 할 만큼 불편한 자리이기에 우리는 장애인 좌석이 맨 뒷줄에 있는 상영관을 골라 영화를 예매한다. 장애인 좌석은 휠체어 사용자가 휠체어에 앉은 채

로 영화를 관람할 수 있도록 대개 이동형 좌석으로 되어
있다. 장애인석은 영화관 맨 앞이나 뒤로 정해져 있고,
그곳에 설치된 좌석만 이리저리 이동시킬 수 있는 것
이다.

　남편은 팔 힘을 이용해 휠체어에서 다른 의자로 비
교적 쉽게 옮겨 앉을 수 있어 보통은 좌석을 이동시키지
않고 옮겨 앉아 영화를 보고, 그럴 때 나는 동반 1인으
로 바로 옆 장애인석에 함께 앉아 영화를 본다. 그런데
어느 날은 상영관에 입장해 장애인석으로 가 보았더니
이동식 좌석 세 개가 나란히 붙어 있었다. 만약 장애인
세 명이 각각 입장하고 그 중 한 명만 휠체어에 앉아 영
화를 보아야 하는 상황이더라도 세 좌석을 모두 이동시
켜야 하는 형태였던 것이다. 다행히 장애인석을 예매한
사람이 우리 부부밖에 없는 것 같아, 남편은 평소처럼
휠체어에서 영화관 좌석으로 옮겨 앉았고 나는 그 옆에
자리를 잡았는데 영화가 시작하고도 한참 동안 마음이
불편하고 불안했다. '만약 내 옆의 빈자리를 예매한 사
람이 있으면 어쩌지? 그 사람이 들어와서 휠체어에 앉
은 채로 영화를 본다고 하면 부랴부랴 세 좌석을 한꺼번
에 들어내야 할 텐데.' 그러는 사이 영화가 끝났고 우리
는 집으로 가기 전 직원을 찾아갔다. 관리자 직급의 직

원은 우리 이야기를 이해했으며 본사에 전달하겠다고 간결하게 답했다. 형식적인 답이 마음에 걸렸으나, 향후 발생할 수 있는 문제를 예방할 수 있는 정보를 주었다고 생각했고 변화를 기대했다. 영화관 좌석은 이후로도 바뀌지 않았다.

공평하지 않은 사회에서 장애인 또는 장애인의 가족으로 산다는 것은 차별 또는 폭력을 감수하며 사는 것과 같다. 그럴 때마다 남편에게 하는 이야기가 있다.

"모든 집마다 장애인이 있으면 좋겠어."

농담처럼 하는 이야기지만 집집마다 장애인이 있다면 우리 사회의 장애를 바라보는 관점과 태도가 바르게 변하리라 생각한다. 나의 경험만 봐도 그렇다. 장애인복지 현장에서 사회복지사로 일하면서 스스로 장애감수성이 높다 생각했지만 일과 삶, 일터와 삶터는 아주 달랐다. 장애인 가족이 되어 마주한 사회는 사회복지사로 경험했던 사회와 비교할 수 없을 만큼 장애인에게 차별투성이였다. 그 차별의 격차를 조금이라도 줄이려고 나는 오늘도 남편의 경험을 통해 사회를 바라보고 변화를 요구한다.

이사는 까다로워

결혼 후 첫 이사, 남편과 함께 살 두 번째 집을 고르며 우리에게 필요한 주거 조건을 정리했다.

① 지하철역에서 도보로 오갈 수 있는 거리에 집을 구할 것. 남편이 대중교통을 이용해 외출할 때 집과 지하철역을 버스로 오가려면 시간도 에너지도 두 배로 든다.

② 아무리 가까워도 지하철역과 집 사이의 길이 경사져 있으면 휠체어로 혼자 다니기는 위험하다. 가급적 평지에 위치한 동네 위주로 둘러볼 것.

③ 장애인 주차 구역이 있을 것.

④ 엘리베이터가 있을 것.

몇 군데를 둘러보고 한 군데를 선택했다. 근처 지하 철역에서 도보로 7분, 평지로 이어져 있고 아파트 입구 는 경사로지만 남편이 혼자 휠체어를 밀며 오르내리기 에 문제가 없는 정도다. 장애인 주차 구역도 동마다 한 자리씩 있다. 한 곳뿐인 점은 아쉽지만, 우리 동을 도맡 아 관리하시는 경비 아저씨 말씀으로는 휠체어를 사용 하는 다른 주민이 없단다. 경쟁이 없을 거란 말이니 이 용하는 데 어려움은 없을 것이다. 우리 집은 2층, 1~2층 을 오가는 엘리베이터도 문제없이 작동된다. 오래된 집 이기는 하나 당시 우리 조건으로 구할 수 있는 최선이라 생각하고 계약했다. 하지만 들어가자마자 거의 모든 조 건이 삐거덕대기 시작했다.

우선 장애인 주차 구역. 장애인 주차 표지가 없는 차가 장애인 주차 구역을 사용하고 있었다. 우리 동네 가 아니면 사진을 찍어 신고하면 되지만, 계속 살아야 할 우리 집, 우리 동네인 만큼 신고하기에 앞서 이 구역 을 꼭 이용해야 할 우리 가족이 이사 왔다는 이야기를 알리고 싶었다. 쪽지를 써서 붙였다.

"남편이 휠체어를 사용합니다. 장애인 주차 구역이 아닌 다른 곳에는 주차하기 어렵습니다. 휠체어 사 용자가 주차할 수 있도록 양보 부탁합니다."

사실 양보는 아니다. 장애인 주차 구역은 원래 장애인 운전자를 위한 곳이니까. 하지만 이웃과 잘 지내고 싶은 마음에 배려를 부탁한다는 표현을 선택했고, 장애인 주차 구역을 차지하던 차는 이후로 그 구역에 주차하지 않았다.

　그렇게 확보한 주차장인데, 주말이 되니 장애인 주차 구역이 재활용 쓰레기 수거장으로 변했다. 그럼 우리는 어디에 주차하냐고 경비 아저씨를 찾아가 물으니 별다른 방법이 없다는 대답만이 돌아왔다. '관리사무소로 찾아가 장애인차별금지법●을 이야기해 볼까. 구청에 민원을 넣을까.' 남편과 이런저런 이야기를 하다가 결국 (이번에도) 우리가 불편을 감수하기로 했다. 재활용 쓰레기 수거일은 매주 토요일 아침부터 월요일 오전까지. 금요일 밤마다 내가 내려가서 장애인 주차 구역에 세워 둔 차를 일반 주차장으로 옮겼다. 그렇지 못한 날은 일주일에 한 번, 마음껏 잘 수 있는 토요일 아침에 졸린 눈을 비비며 차를 빼러 내려갔다.

　오래된 아파트라 그런지 엘리베이터는 너무 자주 고장 났다. 외출하러 나섰다가 고장 난 엘리베이터 때

● 정식 명칭은 「장애인차별금지 및 권리구제 등에 관한 법률」. 2007년에 제정되었다. 교육, 문화, 의료, 관광 등 삶의 모든 영역에서 장애를 이유로 한 차별을 금지하여 장애인의 완전한 평등 구현을 목적으로 하는 법이다.

문에 외출을 포기한 날도 있고, 퇴근하고 집 앞까지 왔는데 엘리베이터가 고장 나 몇 시간 동안 집 근처를 배회한 날도 있다. 우리 집은 고작 2층이라 나는 몇 초면 올라가고 내려올 수 있는데, 남편에게는 정말이지 아득한 거리였다. 어느 날 출근 시간에는 경비 아저씨와 동네 주민까지 동원되어 남자 넷이 남편을 들고 내려온 적도 있다. 나중에 남편에게 물어보니 휠체어째 들려서 계단을 내려오는 일, 감사하지만 유쾌하지는 않았다고 한다.

그곳에서 우리는 4년을 살았고, 한 번 더 이사했다. 전보다 당연히 조금 더 신중해질 수밖에 없었다. 원하는 조건에 부합하는 집을 공인중개사로부터 소개받고, 그와 헤어진 후 다시 그 집으로 돌아갔다. 먼저 주차장. 지하 5층까지 있는 주상복합아파트이고 모든 층에 장애인 주차 구역이 있다. 장애인 주차 구역에는 장애인 주차 표지가 있는 차 몇 대와 그보다 많은 비장애인 차량이 주차되어 있다. 장애인 주차 구역은 충분한데 장애인 운전자는 많지 않은 듯하다. 남편이 장애인 주차 구역을 이용하기에 어려움이 없겠다. 건물 전층을 오가는 엘리베이터가 있으니 비 오는 날이나 눈 오는 날도 안전하게 집까지 올라갈 수 있다. 주차장 합격! 엘리베이터는 두 대다. 정전이 아니고서야 두 대가 동시에 고장 날 일은 드물겠지. 엘리베이터도 합격! 이사하고는 바로 관리사무소로 찾아가 남편의 장애를 설명하고 장애인 주차 구역 중 한 곳을 우리가 전용으로 사용할 수 있는지 문의했다. 해당 주차 구역 바닥과 벽에 장애인 입주민을 위해 항시 비워 달라는 안내문을 붙였다. 어쩌다 안내를 보지 못하는 사람도 있을 것이고, 주차 공간이 부족해서 다른 입주민이 주차할 수도 있을 거라 생각했지만 2년 넘게 살며 그런 적은 한 번도 없었다. 감사한 일이다. 주차장과 엘리베이터, 이웃들의 태도까지. 이 집에 살면서는 큰 불편을 아직 발견하지 못했다.

사실 두 번째 집도 사는 동안 불편은 많았지만 이웃들에게 따뜻한 정을 여러 번 느낀 감사한 곳이었다. 아무리 명확히 표시된 장애인 주차 구역이 있어도 자발적으로 자리를 비워 준 이웃들 덕에 하나밖에 없는 장애인 주차 구역을 4년 내내 전용 주차장처럼 이용할 수 있었다. 그때 우리 동에는 우리 차 말고도 장애인 주차 표지를 부착한 차 한 대가 더 있었는데, 보행이 가능한 장애인이었던 차주는 우리를 위해서인지 장애인 주차 구역을 전혀 이용하지 않았다. 누군가는 당연한 양보라 생각할 수 있겠지만 우리로서는 정말로 감사한 일이었다.

이중 주차를 넘어 삼중 주차까지 해야 했던 날도 장애인 주차 구역은 예외 없이 비어 있었다. 그런 만큼 더 감사했고 이사를 나오면서는 감사의 마음으로 다시 쪽지를 써 붙였다.

"안녕하세요, 103동 주민 여러분! 저희는 208호 거주자입니다. 다음 월요일, 4년 동안 살던 이곳에서 이사를 갑니다. 살면서 늘 감사한 마음이었지만 이사를 앞두고서야 이렇게 인사드립니다. 장애인 주차 구역은 장애인 운전자를 위한 공간이지만, 안타깝게도 그렇게 활용되지 못하고 있는 곳이 많습니다. 이곳에 살면서는, 주차난이 아무리 심각해도 늦은 시간까지 장애인 주차 구역은 늘 비워 주셔서 4년 동안 불편함 없이 생활했습니다. 따뜻한 배려에 진심으로 깊이 감사드립니다. 늘 건강하고 행복하시길 바랍니다."

진심이 전해졌는지 우리가 쓴 편지 아래에 주민들의 메모가 붙었다. 우리도 감사하다, 이사하고 더 행복하게 살라는 메모들을 보며 감사한 마음은 배가 되었다. 우리 뜻과 관계없이 이 일도 화제가 되어 한 방송사의 뉴스에까지 보도되었다.

캐나다는 법으로 모든 건물의 배리어프리Barrier-free● 설계를 요구한다고 한다. 반면 우리나라에서는 여전히 많은 장애인이 집에서도 위험한 순간을 경험한다. 아파트 진입로부터 주차장, 현관문과 방문, 싱크대, 화장실까지 거의 모든 시설이 성인 비장애인을 표준으로 설계되어 있기 때문이다. 「장애인·노인·임산부 등의 편의증진 보장에 관한 법률」(장애인등편의법)이 거듭 개정되며 공공시설물의 환경은 조금씩 변하고 있지만, 지극히 개인적인 공간인 집이나 그 근처까지는 법률의 효력이 미치지 못하고 있다.

남편의 장애 덕에 새삼 이웃들의 따뜻함을 느끼는 순간들도 있지만, 장애인 가족이 이사할 때도 조금 덜 까다로워도 되는 사회가 속히 오기를 바라 본다.

● 아동, 노인, 휠체어 사용자 및 유사한 신체장애가 있는 사람이 비장애인과 동등하게 시설 및 서비스에 접근하고 이용할 수 있는 환경. 우리말로 '무장애'라고도 한다.

휠체어로는 갈 수 없는 길

외할머니 팔순 잔칫날, 식당 한 곳을 통째로 빌려 온 가족이 한 자리에 모였다. 결혼하고 처음 남편과 함께 친정 행사에 참석하는 것이라 여러모로 불안했지만 "이 서방도 갈 수 있는 곳이니까 걱정 안 해도 돼" 하는 엄마 말을 철석같이 믿고 집을 나섰다. 모임 장소에 도착해 주차장으로 들어서려는데, 바닥이 자갈밭이다.

　휠체어는 앞에 있는 작은 바퀴 두 개와 뒤에 있는 큰 바퀴 두 개로 이루어져 있는데 자갈이나 모래 위에 올라가면 앞바퀴가 바닥을 파고들어 앞으로 나갈 수가 없다. 스스로 밀어 움직이는 건 물론 뒤에서 다른 사람이 밀어 줘도 움직이기 쉽지 않다. 그나마 남편은 휠리

wheelie●를 잘해서 내가 휠체어 뒤를 잡아 주고 휠리 상태로 조금씩 이동해 겨우 자갈밭을 탈출할 수 있었다. 그리고 마주한 돌계단 세 개. 아……. 당황스럽기도 하고 남편에게 미안해 등줄기에서 땀이 흐르고 얼굴이 뜨거워졌다. 계단 한 개 정도는 남편의 기술과 나의 노하우로 거뜬하게 넘을 수 있으나, 세 개는 둘이 해결할 방법이 없다. 삼촌과 사촌동생 들이 모여 휠체어 네 군데를 동시에 들어 올렸다. 두 번째 난관을 넘기며 마지막이겠지 생각했으나, 식당 문을 열고 들어가니 신발이 즐비하다. 신발을 벗고 앉아서 식사하는 좌식 식당인 것이다. 당황스러움을 넘어 화가 나기 시작했지만 좋은 날이니 화를 낼 수도 없었다. 조금이라도 편한 자리였다면 양해를 구하고 뒤돌아 나왔을 것이다. 하지만 결혼 후 처음으로 참석한 집안 행사인 만큼 남편은 어떤 말도 하지 않았다. 아니, 못했을 것이다. 아무런 불평 없이 휠체어에서 내려왔고, 기다시피 이동하여 식당 한쪽에 자리를 잡았다. 바닥이 딱딱해 행여 욕창이 생길까 휠체어용 욕창 방지 방석을 깔고, 하반신과 허리 힘이 없어 중심 잡기 힘든 몸을 벽에 기댔다. 그래도 휠체어에 앉았을 때만큼 안정적으로 앉아 있기는 어려웠던 탓에 남편은 식사를 하는둥 마는둥 하였다. 좌불안석인

●휠체어 사용자가 팔 힘을 이용해 휠체어 앞바퀴를 들어 올린 상태로 균형을 유지하는 기술

110

나의 모습을 보고 남편은 있을 수 있는 일이라며 괜찮다고 했지만, 장애를 잘 모르는 가족들 말만 믿고 미리 체크하지 못한 스스로에게 화가 났다. 밥이 도무지 넘어가지 않았다.

이후로 남편과 동행하는 곳의 편의 시설은 꼼꼼히 체크하려고 노력한다. 여럿이 함께 여행하면 숙소만큼은 내가 직접 알아보는 편이다. 국내 장애인 편의 시설은 아직 부족하기 때문에 미리 꼼꼼하게 확인하지 않으면 낭패 보는 경우가 많다. 휠체어로 갈 수 있는 숙소나 식당 정보도 충분하지 않다. 이렇게 필요에 따라 알아보다 보니 이제는 배리어프리 장소를 검색하는 나만의 노하우가 생기기도 했다.

결혼 후 남편이 편하게 이용할 만한 식당과 관광지 등의 정보를 찾는 것이 익숙지 않던 시절, 남편과 둘이 제주도 여행을 갔다. 휠체어가 들어갈 수 있는 말고깃집을 찾지 못해 애먹는 모습을 보더니, 남편이 본인이 찾아보겠다고 하고 직접 예약까지 했다. 잔뜩 기대를 안고 찾아간 식당은 입구에서 벌써 돌계단 두 개가 보이는 기와집이었다. 게다가 좌식 식당이라 입구에서 신발을 벗고 직원들에게 들려 이동했다. 남편에게 왜 이런 식당을 예약했냐고 물으니, 제주 말고기 맛집이었고 전화해서 휠체어 사용자인데 이용 가능하냐고 물어봤더니 당연히 가능하다고 했단다. 그대로 믿고 바로 예약을 했으나, 전화를 받은 사람이 휠체어 사용자를 위한 환경에 대한 지식이 전혀 없었던 거다.

이후부터 식당을 알아볼 때는 검색을 최대한 활용한다. 식당의 외관과 내부를 먼저 살핀다. 흔히들 확인하는 음식 맛, 리뷰 등은 중요하지 않다. 입구에 턱이나 경사로가 있는지, 엘리베이터가 있는지 살펴보고, 내부에 입식 식탁이 있는지, 식탁의 폭이나 높이는 적절한지 등을 확인한다. 사진으로 정확한 수치까지는 아니더라도 최소한의 휠체어 접근성은 충분히 확인할 수 있다. 이런 것을 확인할 수 있는 사진 정보가 인터넷에 많은 곳은 대부분 많은 사람들이 이용하는 맛집이다. 그래서 여행 갈 때 내가 찾아 낸 식당은 휠체어 사용자가 편하면서 맛집이기까지 하다. 물론 그만큼 오래 검색해 찾은 곳이긴 하지만.

언젠가 우리 부부와 같이 여행을 간 척수장애인 부부가 어떻게 이렇게 휠체어 접근이 가능하면서도 음식 맛까지 좋은 식당을 잘 알아보느냐며 신기해한 적이 있다. 특별한 기술이 필요한 건 아니지만, 휠체어 사용자 관점의 편의 시설을 알아볼 수 있는 관점과 함께 이를 알아보는 데 들이는 시간과 정성 덕분이라고, 나만의 노하우라 자랑했다.

숙소를 알아보는 것도 식당 조사와 크게 다르지 않다. 숙소 내부 곳곳을 사진으로 확인하고 예약을 한다. 입구에 계단이 많고, 엘리베이터 등이 없는 펜션은 아무리 좋아도 이용하기 어렵다. 만약 입구 사진이 없다면, 그곳은 과감히 포기한다. 기본적으로 침실에는 침대가 준비되어 있어야 하며, 휠체어를 침대 옆에 세우고 침대로 트랜스퍼●가 가능해야 하므로, 침대 옆 공간도 충분히 넓어야 한다. 침대 옆에 필요한 물품을 둘 수 있는 협탁 등이 있어야 하며, 휴대전화 충전기나 콘센트 등이 침대 가까이에 있으면 좋다. 이 모든 것을 사전에 확인해야 한다. 하나라도 확인하지 못한 경우, 불편으로 이어지는 상황이 많다.

화장실은 특히 꼼꼼히 살펴봐야 한다. 오래된 집이나 건물의 경우 화장실이 실내에 있는데도 문턱이 높은 경우가 있다. 휠체어 사용자가 이용 가능한 화장실 환경인지도 확인해야 한다. 샤워를 하려면 샤워기 가까운 곳에 샤워 의자가 있거나, 샤워기가 변기 근처에 있어 변기에 앉아 씻을 수 있어야 한다. 언젠가 지인이 예약한 콘도에 같이 여행을 간 적이 있었는데, 화장실에 휠

● 휠체어에서 침상이나 자동차, 다른 의자 등으로 이동하거나 옮겨 타는 것

체어가 들어갈 수도 없는 상황이라 어쩔 수 없이 싱크대에서 남편의 머리를 감겨 준 적이 있다.

그나마 호텔에는 대부분 별도로 장애인 객실이 있다. 다만, 온라인 예약 시스템에서 장애인 객실 확인이 어려운 경우가 많아, 전화로 예약해야 한다. 장애인 객실은 다른 객실보다 조금 더 공간이 넓다. 무엇보다 좋은 건, 화장실 안의 편의 시설이다. 변기나 세면대 주변에는 안전바가 있어, 안전하게 트랜스퍼할 수 있다. 변기에 앉아서 샤워기 호스를 조작하거나, 샤워기 근처에 앉아서 씻을 수 있도록 의자가 준비되어 있다. 화장실 공간 안에 휠체어가 들어가서 회전할 수 있도록 충분히 넓은 건 기본이다. 이러한 편의 시설이 없는 화장실에서 씻거나 볼일을 보다 보면 안전사고가 일어난다. 안전바가 없어서 넘어지거나, 물기가 있는 바닥에서 지탱할 수 있는 기구가 없어 넘어질 수 있다. 생각만 해도 아찔하다.

시간이 흐르며 '무장애 여행' 상품도 꾸준히 개발되고 있고 무장애 여행 정보와 지도를 제공하는 곳도 생겨나고 있다. 생각해 보면 무장애 여행은 휠체어 사용자에게만 편리한 것이 아니다. 바퀴 달린 여행가방을 끌고 다니는 여행자부터 유아차를 사용하는 사람들, 걷기가 불편한 어르신까지 모두 편리하게 이용할 수 있다. 장애인을 배려하는 건물과 길들, 아니 가고자 한다면 다리로 걷든 휠체어로 걷든 모두가 불편 없이 다닐 수 있는 길과 장소가 점점 더 늘어나면 좋겠다.

{ 13 }

셀프서비스 이용 불가

어느 날 한 장애인 단체에서 일하는 분에게 메시지가 왔다. 혹시 남편 차가 전기차냐고 묻는다. 갑자기 웬 생뚱맞은 질문인가 했는데, 알고 보니 전기차 충전소의 휠체어 접근성이 궁금해 던진 질문이었다. 남편 차는 전기차가 아니라서 잘은 모르지만 아마도 휠체어 사용자가 혼자 충전하기는 어려울 것이라고 확신에 찬 답장을 보냈다. 오랫동안 운영된 셀프 주유소에서도 휠체어 접근성이 전혀 확보되지 않는데, 최근에야 생긴 전기차 충전소의 휠체어 접근성이 좋을 리가 없다.

휠체어 사용자가 자가용을 운전하면 휠체어는 주로 휠탑퍼wheel topper●나 뒷좌석에 싣는다. 남편은 휠

체어에서 운전석으로 트랜스퍼한 후 운전석 등받이를 완전히 뒤로 젖힌 상태에서 휠체어를 번쩍 들어 운전석 대각선 뒷자리에 놓는다. 내릴 때는 이 과정을 거꾸로 해야 한다. 그러니 주유소에 도착해 차에서 내려서 휠체어를 꺼내 앉은 다음 차와 주유기 사이의 좁은 공간으로 들어가 주유호스를 주유구에 꽂는 것은 거의 불가능하며, 차에서 내려 휠체어에 앉는다고 해도 주유기의 버튼을 조작할 수 없다. 휠체어 사용자 기준으로는 너무 높이 있으니 손에 닿기는커녕 눈에 보이지도 않기 때문이다.

그런데 셀프 주유소가 갈수록 느는 탓에 자가용을 이용해 함께 외출하는 날이면 남편은 열에 아홉 주유소에 들른다. 최근에는 셀프 주유소가 워낙 많기도 하고, 리터당 단가가 낮으니 가성비를 고려해 셀프 주유소에 가고 싶은데, 남편 혼자서는 불가능하기 때문이다. 그럴 때마다 나는 또 주유를 하느냐며 귀찮다고 투덜대긴 하지만 도착하면 자연스럽게 차에서 내려 주유를 한다. 셀프는 언제나 나의 몫임을 잘 알고 있다.

언젠가 남편이 이야기 해 준 셀프 주유소 에피소드가 있다. 단골 주유소가 갑자기 셀프 주유소로 바뀌어서 새로운 주유소를 찾아보고 있던 차에 계기판 유류 부족 등이 켜졌다고 한다. 당장 다른 '셀프 아닌 주유소'를 찾기가 어려워서 그 주유소로 들어가 사정을 설명하고 주유를 부탁했단다. 그러자 직원이 마치 들으라는 듯 "셀프 주유소라서 여기서 일하는 건데, 이런 식으로 주유를 해 달라고 하네……" 하며 투덜거렸다고 한다. 할 수 있는 걸 안 한 것이 아니라 못하는 걸 부탁한 거고, 이런저런 사정 설명까지 다 했는데 그런 말을 듣게 되자 남편은 결국 화가 나서 직원과 다퉜다고 한다. 남편이 비장애인이었더라면, 아니 비장애인과 함께 있기만 했더라면 겪지 않았을 불쾌감이다. 휠체어 사용 운전자는 언제나 '셀프 아닌 주유소'를 찾아야 한다. 셀프 주유소에 비해 유류비가 비싸든, 주로 다니는 동선을 벗어나 멀리 가야 하든 말이다. 대안 없는 유일한 선택지다.

주유소만이 아니다. 우리나라는 점점 '셀프 공화국'이 되어 가고 있다. 영화관, 식당, 카페 등 키오스크로만 주문을 받는 곳이 점점 늘어난다. 남편은 키오스크 사용이 어렵다. 대부분의 키오스크가 서 있는 성인을 기준으로 만들어졌기 때문이다. 휠체어에 앉아서는 화면을 보기 어렵고, 휠체어 양 손잡이를 손바닥으로 누르고 팔 힘으로 엉덩이를 겨우 떼 최대한 시선을 높여도 여러 단계를 확인하고 손으로 화면을 눌러서 원하는 것을 선택하기가 불가능하다. 그래서 남편이 혼자 다닐 때면 늘 '휠체어 비용'이 발생한다. 키오스크가 아닌 사람이 주문 받는 곳을 찾아다녀야 하는 시간 비용, 인건비를 절약하지 않는 곳에서만 소비할 수 있기 때문에 원치 않든 원하지 않든 조금 덜 경제적인 식당이나 카페를 이용하며 부담해야 하는 추가의 비용. 역시 모든 휠체어 사용자에게 주어지는 대안 없는 유일한 선택지다.

키오스크 사용에 어려움을 겪는 집단은 비단 휠체어 사용자만이 아니다. 한 방송사에서 키오스크 도입으로 인한 불편과 문제점을 취재하며 남편을 인터뷰한 적이 있다. 한 시각장애인 지인도 함께 출연했는데, 그의 이야기에 따르면 전맹의 시각장애인에게 키오스크 화면은 그냥 유리벽이다. 음성 안내가 나오기는 하지만 어떤 메뉴가 어디에 위치해 있는지, 결제 버튼은 어디에 있는지, 신용카드는 어디에 넣어야 하는지, 감도 잡히지 않는단다. 지금 같은 상황에서 키오스크 화면을 일일이 읽어 주고 대신 선택하는 사람이 없이 시각장애인이 키오스크를 이용하는 것은 사실상 불가능하다. 발달장애인에게도 어렵다. 눈으로 보는 데는 문제가 없지만 제한 시간 내에 그 내용을 다 이해하기는 어렵기 때문이다. 그런 어려움은 발달장애인뿐 아니라 어르신들도 똑같이 토로한다. 아니, 기술 기반 서비스를 낯설어하는 모든 사람에게 쉽지 않은 형태의 '서비스'다. 메뉴를 이해하고 선택하는 것, 장바구니에 담는 것, 포장해 갈지 먹고 갈지 선택하고, 적절한 결제 혜택을 받고 원하는 수단으로 결제하는 과정 모두를 혼자 이해하고 이용하는 것은 결코 모두에게 편하고 쉬운 일이 아니다.

코로나19가 확산되면서는 또 다른 문제가 추가되었다. 다중이용시설을 이용할 때마다 입구에서 체온을 재고 QR체크를 해야 했는데 초기에는 안내하는 사람이 있었지만 점점 이 일에 추가 인력을 쓸 수 없어 대부분의 가게들이 '셀프 체크' 방식을 택했다. 시각장애인은 혼자서 가게 내 QR체크 단말기와 체온기 위치를 찾을 수 없다. 남편과 같은 휠체어 사용자는 체온기 앞에서 휠체어를 몇 번이나 앞뒤로 움직여야 한다. 키오스크처럼 스탠드형 체온기도 서 있는 성인의 키에 맞춰 제작되거나 설치되었기 때문이다.

셀프 서비스는 사람이 주문 받는 가게에서도 어김없이 요구된다.

"물, 휴지, 추가 반찬은 셀프입니다."

하지만 가게 내 테이블 사이가 휠체어가 다닐 만큼 충분히 넓은 곳은 좀처럼 찾아보기 힘들다. 조금 넓어 휠체어를 이용해 다닐 수 있더라도 직원들이 오가는 데 방해가 되면 여지없이 눈초리나 싫은 소리가 들려온다. 이번에도 선택지는 사실상 하나다. 먹지 않거나 아껴 먹는 수밖에. "분명히 셀프라고 말씀드렸는데 부탁을 하신다"라며 투덜거리는 직원에게 상처받을 일 혹은 혹여나 더 무례해 상대와 다툴 일을 미연에 방지하는 것이다.

기술이 점점 발전하는 사회에서 기술이 인간의 노동을 대신하거나 고객의 단순 노동으로 사업자의 서비스 비용을 줄이려는 시도는 굉장히 자연스럽다. 하지만 그런 변화에서 소외되는 사람들이 있다는 사실을 외면하지 않았으면 좋겠다. 셀프 서비스를 이용할 수 없는 이유를 개인의 잘못이나 장애로 간주해서도 안 된다. 장애나 개인의 미숙이 아니라 기술의 부족이 원인이다.

언젠가 장애이해교육을 의뢰받고 교육 자료를 준비하면서 무릎을 칠 만큼 반가운 영상을 발견한 적이 있다. 영상 속 주인공은 비장애인이었지만, 주인공을 제외한 모든 출연자들이 장애인이었다. 장애인 중심의 세상에서 비장애인은 그야말로 어쩔 줄 몰라 했다. 가령 도서관에 갔는데 모든 책이 점자책이다. 다수의 시각장애인은 점자책을 보고 있는데 비장애인은 책을 읽을 수가 없어 당황스러워한다.

　"많은 사람들이 장애인이 가진 신체적 특성으로 장애인이 불행하고, 불편할 것이라고 생각하는데, 실은 다수인 비장애인 중심으로 조성된 사회 환경이 소수인 장애인에게 불편함을 주는 것입니다."

　이런 이야기를 하고 싶었다. 이런 관점의 전환을 직관적으로 보여 준 그 영상이 정말 반가웠고, 이후 비장애인을 대상으로 장애 관련 교육을 할 때마다 이 영상을 사용하고 있다. 불편함과 소외, 부당함의 원인은 결코 장애 그 자체에 있는 것이 아니라 사람이 처한 환경에 있다.

〔 14 〕

화장실은 적어도 두 개

신혼 초, 화장실 문제로 너무 힘들었다. 결혼 7년이 넘은 지금까지 방구도 편하게 트지 못했는데, 결혼하자마자 똥을 텄다. 아니 틀 수밖에 없었다. 남편은 척수장애의 특징 중 하나인 대소변 기능 장애로 대변을 볼 때 좌약을 사용한다. 스스로 힘을 주어 변을 볼 수 없어 항문으로 좌약을 밀어 넣고, 좌약의 작용으로 대변을 보는 것이다. 비장애인이 좌약을 사용하는 것만큼 효과가 빠르게 나타나지는 않기 때문에 좌약을 쓰더라도 화장실에서 최소 2시간을 보내야 한다. 나는 과민성대장증후군이 있어 화장실에 가고 싶다는 생각이 들면 그 순간 바로 가야 한다. 남편과 나의 '똥 궁합'은 최악인 셈이다. 대안으로 집 근처의 공중화장실 위치를 몇 군데 알아 두었다. 남편이 화장실에 자리를 잡았는데, 배가 신호를 보내면 외투 하나 걸치고 휴대용 휴지를 챙겨 공중화장실로 향했다. 지금 사는 집으로 이사를 할 때, 가장 먼저 고려한 조건은 사실 화장실이다. 화장실은 무조건두 개! 충족되는 집을 구했고 그 덕에 지금은 너무 행복하다.

집이 아닌 곳에서 자야 하는 일이 생기거나 여행을 앞두고는 반드시 사전에 대변을 봐야 한다. 변의를 느껴 화장실을 간다기보다 삶의 중요한 '스케줄'로 잡아야 다른 스케줄이 흐트러지지 않기 때문이다. 이렇게 계획적으로 일을 보지만 똥 때문에 사람들과의 약속에 늦거나 약속을 아예 취소하는 일도 비일비재하다.

남편은 보통 2~3일에 한 번 화장실에 간다. 약속이 있으면 가급적 미리 화장실에 다녀오지만, 배 속 사정이 항상 마음 같지는 않는 법. 갑자기 배탈이 나는 경우도 있는데, 그런 날에도 2시간 이상이 걸리기는 마찬가지다. '급똥'까지 오래 걸리다니, 참 얄궂다.

퇴근 무렵 남편에게 '응고'라는 메시지가 오면 오늘은 똥 누는 날이라는 의미다. 평일에 퇴근 후 집에 와서 대변을 보고 나면, 빨라야 밤 10시. 장애인콜택시가 늦

게 잡히기라도 하면 11시가 되기도 한다. 그럼 그런 날
은 밤 10시나 11시가 저녁 식사 시간이다.

언젠가는 남편 장에 문제가 있었는지 거의 매일 대
변을 본 적이 있다. 남편은 인생의 너무 많은 시간을 똥
을 싸느라 허비하는 것 같다며 허무해했다. 언젠가 한
국척수장애인협회가 척수장애인의 장 건강 관련 세미
나를 연 적이 있었는데, 그때 발표된 내용에 따르면 보
통은 배변하는 데 12~48시간이 걸리는 반면 척수장애
인은 평균 96시간이 걸린다고 한다. 너무 오랜 시간 변
을 배출하지 못하다 보니, 변비나 치질과 같은 합병증
도 생긴다. 남편도 늘상 치질을 달고 산다.

배변뿐 아니라, 저장 기능에도 장애가 있어 실변에
대한 두려움도 늘 안고 살아간다. 연애할 때 남편이 대
장내시경을 받는다고 해서 보호자로 동행한 적이 있다.
이상 없음을 확인하고 집으로 돌아가려고 주차장에 내
려와 차로 옮겨 앉는 순간 남편이 느낌이 이상하다고 했
다. 나에게 척수장애인의 장 기능, 운동 능력 등에 대한
지식이 전혀 없을 때라 설마 싶었다. 그래도 본인이 찝
찝하다니 차에서 다시 휠체어로 옮겨 앉고 병원으로 돌
아가는 길, 결국 남편은 속옷과 바지에 실변을 하고야
말았다. 실변을 했다기보다 그냥 갑자기 흘러나왔다는

표현이 정확하겠다. 환자복을 빌려 장애인 화장실에 들어가 갈아입고 남편이 얼른 속옷과 바지를 손으로 빨았다. 1년에 1~2번 실변하는 일이 있고, 남편은 그때마다 손빨래를 한다.

남편 무릎 위에는 작은 가방이 항상 놓여 있다. 공항 등에서 검색 게이트를 통과할 때마다 가방을 치워 달라는 이야기를 듣는데, 남편의 무릎 위 가방 안에는 몸과 하나인 소변주머니가 들어 있다. 남편은 카테터(소변 호스)를 방광에 삽입해 소변을 빼내, 소변 주머니에 모으는 식으로 소변을 해결한다. 남편이 화장실에 가서 소변을 보는 것은 소변주머니에 꽉 찬 소변을 비우는 것을 의미한다. 1년 365일 함께 하는 소변주머니는 이틀에 한 번 새로 교체한다. 방광에 소변주머니의 호스가 연결된 부위는 매일 저녁 소독을 하고, 테이핑을 새로 한다. 상황이 비슷한 사람 중에는 남편처럼 소변 주머니를 방광에 연결한 사람보다 카테터를 이용해 소변을 빼 내는 '넬라톤'을 하는 척수장애인이 훨씬 많다. 남편 말로는 방광을 뚫는 것은 옛날 방식이고, 본인이 잘 몰랐을 때 한 결정이라고 한다. 방광을 뚫은 곳을 매일 소독하지만 감염의 우려가 크고 아마 일회용 카테터를 사용하는 넬라톤이 훨씬 위생적일 거다.

척수장애인들과 술을 먹다 보면 어느 순간, 얼굴은 하얘지고 입술이 파래지는 모습을 본다. 이는 소변을 봐야 한다는 몸의 신호다. 비장애인은 잘 모르는 이런 신호를 함께 술을 마시다가 먼저 알아보고, "빨리 화장실 가"라고 말해 주면 엄청 좋아한다. "아, 이래서 너무 편하고 좋아"라며 자신의 몸을 아는 사람들에게 반가움과 편안함을 표현한다.

언젠가 걸을 수 없던 사람이 로봇을 입고 걷게 되는 영상을 본 적이 있다. "하반신 마비 20년 만의 기적"이라는 뉴스에서 웨어러블 보행 로봇을 입고 걷게 된 당사자가 나왔는데, 그를 바라보는 사람들 모두가 감격스러워했다. 나는 휠체어를 사용하는 남편이 걸을 수 있으면 좋겠다고 생각한 적이 단 한 번도 없었기에, 그 영상을 보며 내가 당사자의 마음과 바람을 이해하지 못하는 것은 아닐까 하는 감정이 들기도 했는데 그 후 친한 척수장애인들과 술을 마시면서 웨어러블 로봇에 대한 의견을 물었더니 모두 "실변이나 급똥으로 빨리 화장실에 가야 되면 로봇을 어떻게 벗지"라고 하며, 절대 안 입는다고 진심을 담은 농담을 했다.

휠체어 사용자들이 기술의 도움으로 다시 걷게 되기를 바랄 거라고 생각하는 것은 비장애인의 관점이다.

많은 척수장애인들은 다시 일어나 걷는 삶이 아니라 휠체어를 타고 어디든 갈 수 있는 삶을 바란다. 걷는 로봇을 입는 삶이 아니라 휠체어를 사용하면서도 대변과 소변을 좀 더 편하게 보고 뭐든 좀 더 편하게 할 수 있는 삶을 바란다. 기술이 아니라 기술 만드는 사람의 변화가 더 필요하다. 이런 삶을 사는 데 도움이 되는 기술이 발전하려면.

{ 15 }

오지 않는 택시, 탈 수 없는 버스

남편은 출퇴근 교통수단으로 장애인콜택시를 이용한다. 장애인콜택시는 지역마다 운영 주체가 다른데, 서울의 경우 서울시설관리공단에서 운영한다. 아침에는 택시를 예약할 수 있다. 7시·8시·10시. 시간당 예약 가능 인원이 정해져 있고, 24시간 전부터 예약을 할 수 있다. 인원이 차면 그 즉시 예약은 마감된다.

남편은 항상 7시 차를 예약한다. 혹시나 마감이 될까 싶어 매일 저녁 7시, 늦지 않고 예약을 챙긴다. 7시 차를 예약하면 택시는 보통 7시 30분쯤 도착한다. 택시는 도착지에서 10분 정도를 기다려 주는데, 그때까지 탑승자가 오지 않으면 예약이 자동으로 취소되고 택시는 떠나 버린다. 취소되면 다음 택시는 사실상 콜택시의 기능을 하지 못한다. 언제 잡을 수 있을지 아무도 알수 없기 때문이다. 따라서 장애인콜택시를 이용할 때는 택시가 조금 늦더라도 반드시 도착 후 10분 이내에는 탑승해야 한다.

언젠가 남편이 사무실이 아닌 다른 곳에서 회의가 잡혔다며, 외근지로 출근하는 날이 있었다. 회의 시간이 10시였는데 그 전날도 다음 날 7시차를 예약하는 것이다. 집에서 멀지도 않고, 당신 사무실도 아니니 할 일도 없을 텐데 왜 그렇게 빨리 가느냐고 물었더니 남편이 대답했다.

"나는 매일 7시에 택시를 타는데, 갑자기 8시로 예약하면 원래 8시에 타던 사람이 못 타게 될 수도 있잖아. 회의장 근처 카페에서 커피 마시면서 기다리면 돼."

저녁에는 이런 예약마저 받지 않아서 퇴근길에는 배차 받기가 더 힘들어진다. 남편은 보통 퇴근을 1시간 30분 남겨 두고 콜한다. 그래야 퇴근 시간쯤 배차가 되기 때문인데, 어떨 때는 퇴근하고 한두 시간이 지나고서야 겨우 배차가 되기도 한다.

이렇게 언제 배차가 될지도 모르고 배차가 되어도

오래 걸리기 때문에, 탈 때까지의 과정과 타고 있는 순간만 생각하면 장애인콜택시가 가장 편리해도 이용하면서 늘 마음 한구석이 불편하다. 이용할 때는 당연히 이동 시간뿐 아니라 배차 시간까지 고려해 택시를 부르는데, 이상하게도 이 예상이 매번 빗나간다. 너무 빨리 와서 식사를 하다 말고 일어나야 하는 경우도 많고, 너무 늦게 와서 기다리다 지치는 경우도 있다. 평소 나는 장애인콜택시에서 '콜'자는 빼라는 이야기를 자주 하는데, 농담이 아니라 진심이고 진담이다.

정확하게 시간을 맞춰 가야 하는 경우에는 지하철을 이용한다. 지하철은 알다시피 빠르고 정확하다는 장점이 있지만 치명적인 단점이 있다. 우선 출퇴근 시간에 이용하는 것은 거의 불가능하다. 인파에 치여 휠체어 사용자가 지하철을 타고 내리는 것은 불가능하며, 행여 타더라도 사고 위험이 있고 주변의 따가운 시선을 감당하기가 무엇보다 쉽지 않다.

앞에서 이야기한 것처럼 지하철을 이용할 때는 환승도 엄청나게 큰일이다. 때로는 굉장히 위험하기까지 하다. 지하철 상황이 이렇다 보니 남편은 지하철을 타면 언제나 휴대전화 메모 앱을 연다. 별것 아니지만 차곡차곡 모으면 여러 휠체어 사용자에게 도움이 될 것 같은 정보, 꼭 필요하지만 어디서도 확인할 수 없는 정보를 자기 글로 기록하는 것이다. 가끔 지하철을 탈 때면 그 메모들을 열어 읽는다.

2호선 을지로입구역 시청 방면, 승강장보다 지하철이 너무 높아 수동 휠체어를 이용하는 경우 걸리지 않도록 조심해야 함.
6호선 합정역 응암 방면 승강장은 곡선이 심함. 4-2칸에서 탄 다음 장애인 탑승 칸으로 이동하는 것이 좋음.

남편은 버스는 거의 이용하지 않는다. 휠체어를 타고는 사실상 저상버스만 이용할 수 있는데, 서울 기준 전체 시내버스 대비 저상버스의 비율이 낮고, 따라서 이용하려면 여유 시간을 생각보다 더 넉넉히 잡아야 한다. 저상버스라고 해도 타는 것이 편하거나 자유롭지 않다. 저상버스가 버스 승강장에 경사판을 내려 휠체어 사용자가 탑승할 수 있는 길을 우선 만들어 줘야 하고, 휠체어 전용 좌석에 있는 의자를 접어 휠체어를 고정해야 한다. 이 또한 버스 기사가 정차하고 휠체어를 고정하는 데 시간이 걸려서 사람이 많고 바쁜 출퇴근 시간에는 여러 가지로 눈치가 보인다. 나조차 휠체어 사용자가 혼자 직접 저상버스에 오르는 모습을 본 적이 거의 없다. 아마도 남편과 같은 이유로 많은 장애인이 버스를 이용하지 않는 것 같다.

장거리를 이동해야 할 때는 상황에 따라 KTX, 비행기, 자가용을 이용한다. KTX는 반드시 사전 예매를 해야 하고, 그때 휠체어 리프트를 요청해 두어야 한다. 열차 도착 15분 전에는 도착해서 탑승 준비를 끝내 놓아야한다. 간혹 리프트 설치가 어려운 위치에 열차가 정차한다거나 리프트가 제대로 작동하지 않아서 탑승하는데 시간이 걸릴 때도 있지만, 다른 교통편에 비해 비교적 이용하기 편하다.

비행기의 경우, 휠체어 사용자는 가장 먼저 타고 가장 마지막에 내린다. 평소 사용하는 휠체어에서 기내용 휠체어로 옮겨 탄 후 탑승할 수 있고, 탑승해서는 좌석으로 옮겨 앉아야 하기 때문에 편도 기준 2번의 트랜스퍼를 해야 한다. 처음 탈 때는 기내용 휠체어가 너무 작고 튼튼해 보이지도 않아서 기내에 올라가기 전부터 이미 불편하다고 생각했지만 여러 차례 타 보니 노하우도 생기고 점점 더 편하게 이용할 수 있게 되었다. 휠체어는 수하물로 적재한다. 우리는 휠체어에서 등받이를 분리한 후, 본체만 수하물로 보내고 등받이와 방석은 기내에 들고 탑승한다.

자가용은 핸드컨트롤러를 이용해 운전한다. 핸드 컨트롤러로 액셀과 브레이크를 작동시킬 수 있고 방향 지시등과 경적도 울린다. 왼손으로는 핸들을 잡고 오른 손으로는 핸드컨트롤러를 잡으면 안전하게 운전할 수 있다. 한국장애인고용공단에서는 직장에 다니는 장애 인에게 핸드컨트롤러 설치비를 지원해 준다.

남편은 평소 수동 휠체어 앞에 전동이동보조기기 를 부착해서 사용한다. 휠체어에 탄 채로 이동을 조금 더 빠르고 편리하게 할 수 있도록 돕는 기기인데, 핸드 컨트롤러와 마찬가지로 직장에 다니면 한국장애인고용 공단의 지원을 받을 수 있다.

집을 나서서 원하는 곳으로 가려고 할 때, 나에게 주어지는 교통수단 선택지는 매우 다양하다. 빠르게 가 고 싶은지, 편하게 가고 싶은지, 최소한의 비용으로 가 고 싶은지에 따라 이동수단을 선택한다. 그러나 이런 선택지는 비장애인에게만 '전부' 주어진다. 남편과 함께 나서는 순간 선택지의 일부가 사라지고, 원하는 것 대 신 가능한 것 혹은 그나마 나은 수단을 골라야 한다. 과 거에 비해서는 많은 부분 지원이 늘어났을지 모르겠으 나, 여전히 장애인은 비장애인에 비해 여러 제약을 받는다. 장애인이기 때문에 외출하는 데 드는 시간과 에너지와 비용이 더 크다. 장애인에게도 내가 원하는 곳에 내가 원하는 방법으로 편히 갈 수 있는 이동의 자유, 이동권을 충분히 보장해야 한다.

III

경계를 허물고 함께 살기 위하여

{ 16 }

변화를 만드는 사람들

유독 회사 일로 바쁘고 힘들었던 2016년, 퇴근 후 우울함을 떨쳐 줄 무언가가 필요했다. 온라인 모임 플랫폼, 교육 정보 플랫폼을 돌아다니며 이런저런 게시글을 살펴보다가 우연히 '동플'이라는 모임을 발견했다. '동등한 삶의 기회를 위한 플랫폼'의 줄임말로, 장애인과 비장애인이 동등하게 살기 위한 사회를 만들려면 무엇을 해야 할지 찾고 실행하는 모임이라고 쓰여 있었다. 소개글이 마음에 들어 참여 신청을 하고 퇴근 후 모임 장소가 있는 을지로로 향했다.

알고 보니 동플은 '소셜벤처파트너스서울'이라는 단체의 멤버들 중 뜻이 맞는 사람들이 만든 소모임이었다. 모임비와 대관 장소를 지원받으려면 모임을 온라인에 공지해야 한다고 해서 얼른 업로드했는데, 예기치 않게 모르는 사람이 신청하고 찾아와서 당황했다고 한다.

동플에는 다양한 커리어를 가진 사람들이 속해 있었다. 일반 회사원, 글쓰는 작가, 회계사 등 장애와 전혀 무관할 것 같은 사람들이 장애인을 만나며 살겠다고 노력하고, 동등한 삶을 위해 노력하겠다고 하는 게 멋있었다. 그 사람들과 함께 장애를 주제로 세미나를 열어 공부도 하고, 장애인 체육 전문가·비장애형제자매·장애인 당사자·장애인 부모 등을 초대해 각각의 이야기를 듣기도 했다. 장애인복지 관련 일을 하는 사람들보다 더 깊게 고민하고 더 빠르게 실천하는 사람들이었다. 장애 관련 공공기관에서 일하면서 생긴 '내가 지금 장애인에게 필요한 일을 제대로 하고 있는 건가'라는 고민이 장애와 별반 상관없는 이 사람들과 보내는 시간을 통해 해결되었다. 이제 동플 프로젝트는 끝났고, 소셜벤처파트너스서울의 멤버로 사회의 변화를 위한 여러 일들에 참여하며 이 인연을 이어 가고 있다.

휠체어 사용자를 위한 지하철 환승 지도를 만드는 사람들도 있다.

'환승 지도? 지하철 앱이나 지도 앱에 출발지와 목적지만 치면 바로 어디서 언제 환승하면 되는지 나오는데, 그런 게 왜 필요할까?'

많은 이들이 이렇게 생각할 테지만, 이번에도 역시 비장애인의 관점이다. 앱스토어에서 쉽게 다운받아 사용할 수 있는 대부분의 지하철 앱은 모두 비장애인 기준이다. 휠체어를 타고는 앱이 제공하는 정보대로 환승할 수 없는 경우가 많다. 휠체어 사용자를 위한 환승 정보를 제공하는 앱도 아직 없다.

그래서 '무의'라는 이름으로 모인 사람들이 휠체어 환승 지도를 만들었다. '무의'는 '장애를 무의미하게'라는 의미로, 장애인이동권 증진 콘텐츠를 제작하는 협동조합이다. 무의를 설립한 홍윤희 이사장은 딸이 휠체어를 사용한다. 언젠가 무의 관련 인터뷰를 하며 그는 이렇게 이야기했다.

"휠체어를 타는 딸이 그저 지하철을 타고 이동하는 '보통의 서비스'를 누릴 수 있는 세상을 만들고 싶다."

지금 우리 사회에서 딸에게 필요한 서비스는 늘 너무 더디게 만들어진다는 사실을 알고 직접 해결하고자 나선 것이다.

무의는 휠체어 환승 지도 말고도 서울 사대문 안 휠체어 소풍 지도, 서울 궁 지도 등을 만들었다. 책임과 의무 있는 사람들이 아니라 자원봉사자들이 휠체어를 타고 지하철과 서울 이곳저곳의 거리, 궁 여기저기를 돌아다니며 휠체어를 타고도 편하게 이동할 수 있는 최적의 루트를 찾고 그 결과를 지도로 구현한다. 비장애인의 시선이 아닌 장애인의 시선이 중요함을 알기에 콘텐츠 제작 참가자들이 직접 휠체어를 타고 리서치 활동을 다닌다. 그러니 휠체어 사용자를 위한 맞춤형 지도라는 결과물도 좋지만 그 과정에 참여하는 비장애인 시민은 결과 이상의 의미를 학습하게 된다.

"장애인들이 지하철 막아서 못 살겠다고 서울시청에 전화해 주세요."

한 달째 출근길 지하철에서 이동권 집회를 이어 가고 있는 장애인들의 이야기를 다루며 어느 기자가 붙인 기사 제목이다. 댓글 창에는 "오죽하면 그러겠냐" "비장애인으로서 죄송하다"라는 집회에 대한 공감과 응원의 글도 있는 반면에 "이렇게 감정적으로 시위하면 누가 편들어 주겠냐" "정말 충격적이다" 같은 집회 참가자들을 비난하는 글도 있었다. 휠체어 사용자에게 지하철은 생각보다 많이 위험하다. 지하철과 승강장 사이의 간격이 넓어서 휠체어 바퀴가 사이에 끼는 바람에 휠체어에서 떨어져서 다치는 일부터, 엘리베이터가 없는 곳에서 휠체어 리프트를 사용하다가 중상을 입거나 사망에 이르는 일까지 일어난다. 2001년 1월에는 설을 맞아 귀성한 장애인 노부부가 오이도역에서 리프트를 이용하다가 추락사했고, 2017년 10월에는 한 휠체어 사용 장애인이 신길역에서 휠체어 리프트 버튼을 누르다가 계단으로 추락해 끝내 세상을 떠났다. 사고가 반복되자 서울시는 2022년까지 지하철 37개 역에 엘리베이터를 설치하겠다고 약속했으나 이를 지키지 않았고, 장애인들은 더 이상 서울시를 믿고 기다릴 수 없어 시위라는 방식을 선택했다.

남편과 지하철을 이용할 때 엘리베이터가 없으면 별다른 대안이 없어 어쩔 수 없이 휠체어 리프트를 사용한다. 휠체어 리프트는 「즐거운 나의 집」을 요란하게 연주하며 주변 사람들의 시선을 집중시킨다. 그 눈빛들도 불편하지만 그보다 더 불편한 건 안전성이다. 리프트가 작동되고 휠체어가 승하차하는 것을 가까이서 보면 정말 안전장치 하나 없이 비스듬하게 오르내리는 기계임을 알 수 있다. 그래서 남편이 휠체어 리프트를 이용할 때면 혹여나 리프트가 고장나거나 잘못 작동될까 봐 무서워서 옆에 나란히 서서 속도를 맞춰 천천히 이동한다. 시끄러운 음악, 집중되는 시선과 함께 말이다.

오래전에 남편과 일본 여행을 간 적이 있다. 일본의 한 작은 마을에 있는 지하철역에 들렀는데 엘리베이터가 없었다. 우리나라처럼 휠체어 리프트가 있겠구나 싶었는데 웬걸. 지하철 승무원이 에스컬레이터에 키를 꽂고 돌리니까 에스컬레이터 계단 여러 개가 붙어서 휠체어도 탈 수 있는 공간이 만들어졌다. 물론 음악도 나오지 않았고 집중되는 시선도 없었다. 불편도 불안도 없이 편안하게 플랫폼까지 이동할 수 있었다. 이뿐만이 아니다. 에스컬레이터에서 내리니 역무원이 승강장과 지하철 사이에 경사로를 놓아 주어 안전하게 탑승까지 할 수 있었다.

누구도 다치지 않고, 누구나 편하게 이용할 수 있는 지하철이 필요하다. 휠체어 시위대, 그들은 그러한 지하철을 만들려고 행동한다. 우리는 그들에게 빚을 지고 있다. 그들이 우리 대신 붐비는 지하철 안에 몸을 던지고, 그들이 우리 대신 손가락질을 받고 욕을 먹은 덕에 우리가 타는 지하철이 편리해졌고, 더 편리해지고 있다. 빚진 마음이 무거워질 때면 지갑을 열어 기부금이라도 보내고 인터넷 기사를 검색해 댓글창에 지지하는 마음을 남겨 놓기도 한다. 하지만 아무리 해도 이 빚의 무게와 부피는 좀처럼 줄지 않는다. 그들은 오늘도 휠체어를 타고 출근길 지하철역으로 향한다. 모두에게 안전하고 편안한 지하철을 만들기 위하여.

{ 17 }

모두를 위한 디자인

결혼하고 1년 동안 남편과 많이 다퉜다. 사소한 것이라 이유는 자세히 기억나지 않지만 생각의 차이 때문이었고, 그 차이 중 일부는 내가 장애인의 삶을 제대로 이해하지 못한 데서 비롯되었다. 몇 번은 인테리어를 목적으로 남편의 손이 닿지 않는 곳에 물건을 두기도 했다. '내가 대신 하고 내가 건네주면 되지' 하고 편한 대로 생각했으나, 항상 둘이 같이 있을 수도 없고, 가장 편하게 쉬고 생활할 수 있는 공간인 집에서 만큼은 둘이 모두 사용할 수 있도록 가구와 물건을 배치했어야 했다. 그런데 그때는 생각하지 못했다.

　집은 편하게 쉬고 생활하는 공간이니, 허들이 없어

야 한다. 지금의 집은 우리 둘 모두에게 편안한 공간이다. 이사할 때 구조나 환경이 우리 기준에 다 맞아서 별도로 공사는 하지 않고 가볍게 몇 가지만 손본 후 생활하고 있다. 우선 공간 간 이동이 편리하도록 문턱이 없다. 남편이 주로 이용하는 거실 화장실은 휠체어를 사용할 때 불편해서 문을 떼어 내고 대신 커튼을 달았다. 손님들이 찾아오면 가장 당황하는 것이 이 '화장실 커튼'인데 나는 어느새 익숙하다. 화장실에서 남편의 물건은 편하게 사용할 수 있도록 세면대 근처에 두었고, 세면대에는 샤워기를 추가로 달아 머리 감을 때 사용할 수 있도록 했다. 샤워기와 변기가 가까워 샤워나 목욕은 커튼을 치고 변기에 앉아서 한다. 다른 가구도 남편의 동선을 고려하여 배치했고, 거실에는 소파 대신 입식 테이블을 두었다. 침대 옆 협탁에는 남편이 매일 사용하는 소독 용품 등이 준비되어 있고, 드레스룸에서 남편의 옷은 아래쪽, 내 옷은 위쪽에 두었다.

집뿐만 아니라 시간을 많이 보내는 직장도 휠체어 사용자에게 맞는 공간이 되어야 한다.

"국회의사당 본청 문턱이 처음으로 사라졌습니다."

척수장애가 있는 최혜영 국회의원이 어느 날 sns에 올린 글의 제목이다. 보건복지위원회 소속인 최혜영 의원을 위해 국회사무처에서 문턱을 제거한 것이다. 최혜영 의원은 "달라진 작은 문턱 하나가 굉장히 뜻깊게 다가온다. 이제 턱 하나를 넘은 기분이다"라고 했다. 이뿐만 아니다. 최혜영 의원실은 다른 의원실과 달리 카펫 바닥이 아니다. 푹신한 카펫에서 휠체어는 움직이기 어렵다. 카펫 대신 휠체어가 잘 굴러가는 재질로 바닥을 바꾸었고, 의원실 안에 있는 화장실에도 장애인 편의 시설이 설치되어 있다.

장애인 편의 시설은 여러 가지가 있다. 그중 휠체어 사용자에게는 턱이 없는 평평한 바닥이 필요하다. 단차가 있다면 경사로가 있어야 한다. 계단이 있는 곳에는 엘리베이터가 있어야 한다. 여러 번 이야기하지만 이런 장애인 편의 시설은 장애인만 편히 이용할 수 있는 것이 아니다. 유아차를 사용하는 아이 보호자, 캐리어가 있는 여행객, 무릎 통증이 있는 어르신 등 모든 사람에게 편한 시설이다.

턱이 있는 보도블록, 입구가 계단으로 된 상점, 엘리베이터가 없는 건물 말고, 모든 사람이 편하게 접근하고 이용할 수 있는 '유니버설 디자인'으로 만들어진 공간이면 휠체어는 못 갈 곳이 없다. 유니버설 디자인은 성별, 장애 유무, 신체 나이, 국적 등과 무관하게 모든 사람이 편하게 사용할 수 있는 환경 또는 제품의 디자인을 말한다. 우리말로 '모두를 위한 디자인'으로도 불리는 만큼 휠체어를 탄 사람이 무엇이든 할 수 있다면, 어디든 갈 수 있다면, 그 공간에 있는 모든 사람이 함께 편안할 수 있다. 더 많은 곳에 더 많은 유니버설 디자인이 필요하다.

{ 18 }

재능도 있고 일할 수 있어요

소소한소통에서 2년간 함께 일했던 발달장애인 동료 민수는 차를 좋아한다. 특히 현대자동차를 좋아한다. 시간이 날 때마다 현대자동차 전시장에 가서 차를 구경하며 전시된 차량 정보를 확인하고, 어느 전시장에 신차가 들어왔다고 하면 어디든 가리지 않고 방문한다. 사고 싶은 차가 있으면 견적도 뽑아 보고, 차를 사려고 돈을 열심히 모으겠다 다짐도 한다. 민수는 차의 기종, 연식을 기가 막히게 알아맞힌다. 차의 외형을 보고 알아내는 것은 식은 죽 먹기고, 차의 대시보드만 보고도 몇 년식 어떤 차라는 것을 맞힌다.

몇 년 전 회사 워크숍을 가서 차를 렌트한 적이 있

다. 렌트카의 대시보드를 본 민수는 "이 차 00년식이잖아!"라고 자신 있게 이야기했다. 그걸 어떻게 아느냐 물었더니, 이 색의 대시보드는 그해에만 나왔단다. 멀리서 차의 실루엣만 보고 차종을 맞추고, 지인이 어떤 차종을 타는지도 한 번만 들으면 기억한다. 오랜만에 만나면, 그 차를 계속 타는지 안부를 물을 정도다. 차에 대해서는, 특히 현대자동차에 대해서는 그 누구보다 많은 지식을 가진 사람이다.

민수의 특별한 재능은 또 있다. 어느 날 회의를 하러 사무실에 외부 손님이 왔다. 손님에게 차를 주며 인사를 하던 민수가 갑자기, "충청도 사람이네요"라고 한다. 그 사람을 여러 번 만났지만 충청도 사투리를 쓰는 걸 들은 적이 한 번도 없었기에 충청도 사람이라 생각한 적은 없었다. 그분도 놀란 목소리로 "아, 어떻게 알았죠?" 하고 물었다. 민수를 제외한 회의실에 있던 사람 모두가 놀랐다. 민수는 그 사람의 말투에서 충청도 사투리가 들렸단다. 그 말을 듣고 다시 말투에 집중을 해 보지만 어디에도 충청도 사투리는 없다. 우리는 회의 중간중간 충청도 사투리를 발견한 민수의 이야기를 꺼내며 놀라워했다.

민수는 사무보조 일을 주로 한다. 소소한소통이 첫

직장이었고, 그 후로도 몇몇 회사를 거치며 일을 하고 있다. 사무보조 일을 잘하지만, 민수의 특별한 재능을 고려한다면 더 맞는 직업이 있을 것도 같다. 예를 들어 프로파일러와 같은 일? 완전한 독립적 프로파일러로 일하기는 어려워도, 프로파일러를 도와 범죄 현장과 범죄자의 보이지 않는 단서를 찾아내는 일을, 민수라면 할 수 있지 않을까 싶다.

사회생활 8년 차인 진영은 자칭 프로 이직러다. 공공기관, 영리기업, 사회적기업 등 다양한 조직에서 일한 경험이 있다. 정규직으로 다니던 직장을 그만두기도 했고, 계약 만료 이후 연장이 되지 않아 그만두기도 했다. 바로 새로운 직장을 구하지 못해 구직 상태로 지낸 기간도 꽤 된다. 직장마다 직무와 근무 조건 등은 조금씩 달랐으나, 퇴사를 하는 이유는 하나로 귀결된다. '내가 원하는 직장, 나에게 맞는 직장이 아니다'라는 것이다. 진영은 4년제 대학을 졸업했는데, 장애학생 전형이 아닌 일반 전형으로 입학했다는 것이 진영에게는 큰 자랑거리다. 그런 진영에게는 어떤 일을 하느냐가 구직의 가장 중요한 기준이다. 진영의 표현에 따르면, 단순 업무가 아닌 창의적이고 개념적인 일을 하고 싶은데 그런 기회가 없다고 한다. 진영은 『에이블뉴스』라는 장애인 언론사에서 칼럼니스트로도 활동 중이다. 자신의 삶을 자서전 형식으로 쓴 책도 출간할 준비를 하고 있으며, '브런치' 작가이기도 하다. 이러한 진영의 이력을 본다면 서류 정리, 문서 입력 외에 정말 조금 더 창의적인 일도 할 수 있을 거다. 진영은 공공기관 채용에도 자주 도전한다. 서류, 필기 전형 모두 합격해도 면접 전형에서 매번 고배를 마신다. 진영 스스로는 이러한 상황을 발달장애인 고용 시장과 취업 욕구가 있는 발달장애인의 '미스 매치'라 표현하며, 자신이 오버 스펙을 가졌다고 생각한다. 대졸자에 걸맞은 일자리를 찾고 싶은데, 대부분 기업의 '발달장애인 일자리'는 대졸 발달장애인의 특성을 감안하지 않은 단순 반복적인 일자리가 대부분이라는 것이다. 나는 진영의 생각에 일정 부분 동의하면서도 진영에게 현실을 받아들이라 조언한다. 발달장애인 채용 전형이 아니고서야, 현실적으로 장애 채용 전형에서 발달장애인이 다른 장애 유형과 경쟁해서 좋은 결과를 얻기는 힘든 사회의 현실을 말이다. 그래도 진영은 포기를 모른다. 지금도 정규직 채용 도전에 성공하는 꿈을 꾸며 자신이 원하는 공공기관 또는 직종의 채용 공고에 낼 이력서를 쓰고 있다.

선규는 대기업 자회사에서 화분 관리 업무를 한다.

노동 시간은 하루 4시간. 자신이 원하는 취미 활동을 하며 일을 하는 지금을, 선규는 매우 만족스러워한다. 2018년 6월까지만 해도 선규는 장애인보호작업장●에서 훈련생으로 일했다. 종일 작업장에서 일했지만, 훈련생의 신분이라 한 달에 받는 돈은 훈련수당 30만 원 남짓이었다. 훈련생으로 작업장을 다니다 직장인이 된 건 선규의 일 처리 능력이 갑자기 좋아졌거나, 오랜 구직 활동 끝에 취업에 성공해서가 아니다. 선규는 고등학교를 졸업하고 집에서 시간을 보내다가 장애인보호작업장에 다니게 되었다. 취업을 할 수 있었을 텐데, 주변에서 취업 정보를 알려 주거나 취업을 도운 사람이 없었다. 나는 예전 직장에서 2015년에 처음 선규를 만났는데, 충분히 일할 수 있으면서도 적은 수당을 받고 보호작업장에 다니는 상황이 안타까웠다. 선규와 선규 어머니에게 취업 관련 정보를 안내하고, 취업을 권유했다. 그때 어머니는 장애인보호작업장에서 하루를 보내는 선규의 일상이 안정적이라고 느껴 선뜻 취업을 해 보겠다 결정하지 못하셨다. 그러다 수개월이 흘러 어머니께서 연락을 주셨다.

"작업장에서 훈련교사만큼 고생하며 일하는데 훈련생이라고 적은 돈을 받으니 속상하네요. 어제

● 장애인에게 직업재활 프로그램을 제공하여 직업적응 능력 및 직무기능 향상을 돕는 곳.

는 점심 먹을 시간도 없이 종일 외근을 했다고 하
던데……"

그러시며 내가 안내한 회사에 이력서를 넣어 보겠
다고 하셨다. 그렇게 선규는 베어베터에 입사했고, 지
금은 대기업 자회사로 이직해 화분 관리라는 자신의 일
에 큰 자긍심을 가지고 직장 생활을 하고 있다.

상훈은 오랜 기간 도서관 사서 보조로 일했다. 정
부의 발달장애인 일자리사업 지원을 받아 취업한 거라,
정규직이 아닌 계약직의 신분으로 계약이 연장되지 않
으면 어쩌나 마음 졸이며 한 도서관에서 오랜 기간 일
했다. 정부 일자리사업의 특성상 한 사람에게 계속해서
일할 기회를 주지 않기 때문에, 상훈의 업무 숙달도 등
업무 능력과 별개로 상훈은 결국 도서관을 떠나게 되었
다. 상훈은 그림을 잘 그린다. 단순히 취미나 특기라고
하기에는 표현력이 뛰어나고 작품성도 높다. 그림으로
취업을 할 수 있으면 좋을 텐데 그림을 그릴 수 있는 안
정적인 직장을 찾지 못해 상훈 어머니와 몇몇 사람들이
뜻을 모아 직접 발달장애인 예술가를 위한 사단법인을
만들었다. 상훈은 지금 그 사단법인에서 작품 활동을
하면서, 정부 일자리사업으로 우체국에 출근해 우편 분
류 업무를 한다.

많은 발달장애인이 일을 하고 있고, 또 일을 하려고 구직 활동을 한다. 직장에 다니고 있지만 급여, 업무, 동료가 마음에 들지 않아 더 좋은 직장을 찾아 이직을 하기도 한다. 이 모든 것이 비장애인의 삶과 다르지 않다. 우리가 일상 곳곳에서 더 많은 발달장애인 직장인을 만나고 살면 좋겠다.

{ 19 }

사랑은 똑같이

대구에 사는 발달장애인 은경은 부산에 사는 남자친구와 장거리 연애 중이다. 일을 하다 만난 둘은 일 이야기도 하고, 미래에 대한 이야기를 나누기도 한다. 은경은 문구용품을 사고 다이어리를 꾸미는 것을 좋아해서 데이트를 할 때면 남자친구와 함께 팬시점에 간다. 이것저것 신이 나서 고르는 은경을 위해 남자친구는 기분 좋게 지갑을 연다. 코로나19로 몇 달에 한 번 정도 만나는 사이가 되었다고는 하나 사랑이 넘치는 연인이다.

발달장애인 정호는 아이 넷의 아빠다. 그의 아내도 같은 발달장애를 갖고 있다. 경남에 사는 정호는 가끔 서울에 올 때면 고속터미널 지하상가에 꼭 들른다. 오래전 회의 자리에서 만난 정호는 회의가 끝나고 검정 비닐봉지를 꺼내 이것저것 보여 주며 자랑을 한다. 아내를 위해 샀다며 블라우스와 스카프가 예쁘지 않냐고 묻는 정호의 얼굴에는 행복이 가득하다. 부모님의 도움을 받아 아이를 키우고 있지만, 그 누구보다 아내와 아이들을 사랑하는 한 집안의 든든한 가장이다.

누구나 사랑하는 사람과 행복한 연애를 꿈꿀 것이다. 발달장애인도 마찬가지다. 사랑하고, 사랑받는 감정의 교류는 사람을 더 빛나게 한다. 사랑의 감정을 어휘나 문장으로 표현하기 어려운 발달장애인은 고구마를 슬쩍 전하기도, 화이트데이나 밸런타인데이 같은 고백하는 날 선물을 하기도 한다. 특별하지 않다. 하지만 일부 장애인 보호자들은 장애를 가진 자녀의 사랑과 결혼에 두려움을 가지고 있다. 모든 부모가 그렇듯 잘못된 만남이나 사랑으로 인해 자녀가 입을 상처를 걱정하는 마음은 충분히 이해하지만, 본능의 감정을 억누르는 것은 당사자 입장에서 큰 억압이 될 수 있다.

한 장애인단체에서 발달장애인의 일상 영역에서 필요한 주제를 묶어 하나의 전집처럼 쉬운 책자를 만든 적이 있다. 그중 주제 하나가 사랑과 결혼이었고, 꽤나 구체적으로 이성과의 성관계를 설명하고 있었다. 구체

적이니 발달장애인에게는 도움이 되는 정보일 텐데, 부모님들이 전집에서 그 주제의 책자만 빼고 가져가시는 일이 많단다. "우리 애는 몰라도 돼" "괜한 걸 알려 줄 필요는 없어"라는 말씀을 하셨다는데. 발달장애인에게도 사랑할 권리가 있다. 사랑하는 사람과 성관계를 통해 사랑을 나눌 권리도 있다.

페이스북 친구의 새로운 소식 알림이 떠서 들어가 보니 발달장애인 유진이다. 남자친구가 있으면 좋겠단다. 나이 차는 2살까지 괜찮다고. 그녀의 페이스북에 다정한 남자친구가 생겼다며 자랑하는 포스팅이 올라오길 기다린다.

{ **20** }

장애에 관해 생각해 볼 몇 가지 문제

호기심은 불편하지 않아요

남편과 함께 외출하면 가끔 유명한 사람이 된 것 같은 느낌이 든다. 어디를 가든 등장하는 순간 주목받기 때문이다. 여러 시선을 일부러 피하지는 않지만 그렇다고 눈을 맞추지도 않는다. 사람들이 보내는 시선이 담고 있는 메시지를 알아채고 싶지 않아서다. 나쁜 의도 없이 그냥 쳐다보는 거 아닐까 하고 생각하기에는 눈 마주친 사람들에게서 불편한 감정을 느낀 적이 너무 많다.

　　물론 모든 시선이 그렇지는 않다. 대개 아이들의 시선은 어른들의 시선과 조금 다르다. 휠체어 탄 사람을 처음 보는 아이들은 보통 남편을 신기해한다. 다 큰 어른인데 자신과 눈높이는 같고, 모두가 걸어 다니는 거리를 바퀴 달린 의자를 타고 활보하는 모습이 생소한 것이다. 그런 아이들이 남편을 보고 보이는 반응은 크게 두 가지다. 보호자 뒤에 숨거나 신기한 눈으로 빤히 쳐다보거나. 빤히 쳐다보는 아이들을 만나면 남편은 먼저 손 흔들며 인사를 건넨다.

"안녕?"

그러면 아이들도 "안녕하세요?" 하고 인사를 한다. 호기심 많은 아이들은 바로 보호자를 올려다보며 묻는다.

"이 아저씨 왜 그래?"

이 순간부터는 보호자의 역할이 중요한데, 많은 보호자들이 제대로 설명하기보다 "아니야" "괜찮아" "이리 와" 하며 그 상황을 넘기고 남편을 피하려고 한다. 남편을 배려하려는 의도인지는 모르겠으나, 그렇더라도 오히려 그쪽이 더 불편하다. "장애가 있어서 휠체어를 타고 다니는 거야"라고 솔직하게 설명해 줬으면 좋겠다.

아이의 시선은 아프지 않다. 오랫동안 신기하게 빤히 쳐다봐도 그 시선 속에 호기심 이상의 감정이 담겨 있지 않으니. 그런 아이의 호기심을 억누르고 관심을 걸어 가는 식으로 장애를 설명하기보다 서툴러도 담백한 말로 설명하는 어른들이 많아지면 좋겠다.

장애인에게 엘리베이터는 선택지가 아닙니다

퇴근 후 밥을 먹던 남편이 출근길에 있었던 이야기를 꺼낸다. 아침 출근길 엘리베이터에서 총 세 사람을 만나 1층에서 넷이 함께 내렸는데, 휠체어를 사용하는 사람은 자기뿐이고 셋은 비장애인이었다고 한다. 엘리베이터에서 내려서 밖으로 나가려면 유리문 두 개를 통과해야 하는데 마침 겨울이라 실내는 난방 중이었고 외부로 통하는 두 문은 모두 닫혀 있었다. 앞뒤로 밀어서 여는 유리문은 무겁기도 하고, 손잡이도 서 있는 성인의 손 위치를 기준으로 설치되어 있기 때문에 휠체어에 앉아서는 열기 어렵다. 자기 말고 비장애인이 세 명이나 있었으니 한 명은 문을 잡아 줄 줄 알았는데, 어디까지나 남편의 기대였단다. 순식간에 세 명이 모두 유리문을 밀고 나갔고, 셋이 지나간 자리에 혼자 남겨진 남편을 본 경비 아저씨가 나와서 문을 열어 주었다고 한다.

"사람들 참……"

대신 미안한 마음을 전하면서 말이다.

쇼핑을 좋아하는 남편은 백화점을 싫어한다. 엘리베이터 때문이다. 특히 주말에 백화점에 가면 엘리베이터 타기가 쉽지 않다. 기다리던 엘리베이터 문이 열리면 어김없이 사람들이 빼곡히 서 있다. '유아차, 휠체어 우선'이라는 표시가 분명히 보이지만 엘리베이터 안의 어떤 비장애인도 양보할 생각이 없다. 몇 대를 보내고 몇 분이 흘러야 겨우 탈 수 있다. 속으로 '에스컬레이터도 있는데 좀 양보해 주면 안 되나' 생각하지만 이 말을 입 밖으로 꺼내기는 쉽지 않다.

살다 보면 타인을 위해 양보하거나 배려해야 하는 순간이 있다. 계단이나 에스컬레이터 이용이 불가능한 사람을 위해 내가 서 있는 엘리베이터 공간을 내어 주는 것, 문을 혼자 열기 어려운 사람을 위해 몇 초를 내어 문을 잡아 주는 것. 대단하지도 어렵지도 않은 작은 배려가 누군가에게는 이 사회를 살아갈 만한 곳으로 느끼게 하는 큰 힘이 된다.

통합교육보다 더 중요한 일

진영은 자기가 장애 때문에 감당하기 힘든 스트레스를

받고 있다는 생각이 들 때면 오진이라는 친구 이야기를 꺼냈다. 오진은 친구라기보다 진영과 같은 고등학교를 다니며 진영을 괴롭혔던 학교폭력 가해자다. 그는 진영의 장애를 놀림감 삼아 매년 장애인의 날이면 "생일 축하한다"라며 진영을 조롱했고, 집단 폭행을 가해 진영이 다리에 깁스를 하고 등교한 날에는 "이제 진짜 장애인이 됐네"라는 말로 마음에 더 큰 상처를 주었다. 그런 경험이 트라우마로 남았는지 진영은 오진이라는 친구와 관련된 일은 사소한 것까지 모조리 기억하며 종종 깊은 괴로움에 빠졌다. 지하철을 타고 가다가 오진이 다녔던 대학을 인수한 재단에서 운영하는 병원 광고가 흘러나오면 이어폰을 끼고 음량을 최대한 올려 오진 생각이 올라오는 것을 막으려 한다. 다른 친구들로부터 오진이 수학 강사가 되었고 이제 부원장이며 결혼을 했다는 소식을 들은 날에는 분노를 감당하기 어려워하다가 끝내 자기도 모르게 화를 내 버렸다. 학교를 졸업하고 사회생활을 하고 있는 진영도 연애하고 결혼해서 더 행복하게 살고 싶지만 삶이 원하는 대로 흘러가지만은 않는다. 결국 그날은 공황장애가 찾아올 만큼 커다란 충격을 받았다.

학교폭력은 진영 개인의 문제가 아니다. 많은 발달

장애인이 학교폭력에 쉽게 노출된다. '애자'라고 불리거나 '장애인이니까 나중에 구걸해서 먹고살라'는 놀림을 받는 건 너무나 흔하다. 따돌림과 괴롭힘의 원인은 보통 비장애인 친구들과 다른 표정, 말투, 행동 등이다. 사회는 통합교육을 내세워 장애학생과 비장애학생을 한 학교, 한 교실에서 지내게 하는데 장애학생들이 만나는 비장애학생 다수는 장애학생과 친구로 지낼 준비가 되어 있지 않다. 그럼 통합교육의 취지와 의미는 무색해지고, 그로 인해 발생하는 피해는 오롯이 장애학생의 몫이 된다. 학창시절, 이렇게 당한 학교폭력과 차별의 경험을 평생의 트라우마로 간직한 채 살아가는 발달장애인이 많다.

통합교육은 어릴 때부터 장애인과 비장애인이 함께 지내며 서로를 자연스럽게 이해하라는 취지로 도입된 제도다. 이 취지를 잘 살리려면 단순히 같은 공간에서 같은 시간을 보내게 하는 물리적 통합만으로는 부족하다. 어른도 무지나 악의로 너무나 쉽게 장애인을 배제하고 차별하며 폭력적으로 대한다. 아이들도 매한가지다. 외려 강자와 약자의 상대적 개념을 제대로 느껴본 적 없는 아이들은 누구와 비교해도 약자가 되는 장애인을 죄책감 없이 괴롭히고 따돌린다. 통합교육을 받는 아이들이 같은 공간에서 같은 시간을 보내는 서로를 진정으로 이해하게 하려면 다양한 존재(가능성)에 대한 교육과 이해가 선행되어야 하지 않을까.

비대면 사회가 낳은 문제와
비접촉 시대가 감추는 비극

2020년 3월, 제주 서귀포시에서 발달장애 아들과 엄마가 숨진 채 발견되었다. 코로나19로 특수학교 개학이 연기되고 이용하던 장애인복지시설이 휴관하며 엄마가 아들의 돌봄을 온종일 책임졌던 결과다. 6월에는 광주에서 발달장애 아들과 엄마가 주차된 차량에서 주검으로 발견되었다. 남편과 이혼한 뒤 혼자 자녀 돌봄을 책임지던 엄마가 코로나19로 광주 지역 복지시설까지 모두 폐쇄되자 집에서만 아들을 돌보다가 내린 극단적 선택이다. 두 건 모두 팬데믹으로 인한 사회 변화 속에서 감당할 수 없는 자녀 돌봄의 무게와 부담이 가져온, 사회적 타살이다.

중증의 발달장애는 종일 돌봄이 필요하다. 씻기, 옷 입기, 식사하기, 화장실 가기 등 일상을 영위하기 위한 기본 활동에 타인의 돌봄이나 지원이 수반되어야 한다.

코로나19 이후 돌봄을 분담하던 사회의 여러 기관이 그 역할을 제대로 수행할 수 없었고 돌봄의 책임과 의무가 오롯이 가족의 몫이 되었다. 가족들은 우선 당장의 육체적·정신적 스트레스를 감당할 수 없었을 거고, 아마 정부로부터 "(어려운 상황일수록) 돌봄은 가족의 몫"이라는 메시지를 받은 것처럼 느꼈을 거다. 그렇게 지속된 시간들이 결국 그들 스스로 삶의 무게를 감당하지 못하게 만들었다.

오랫동안 지속된 감염병의 시대는 우리 사회의 약자가 누구인지 오롯이 드러내 보여 주었다. 장애인을 위한, 아니 장애인을 고려한 치료 환경이 준비되지 않은 현실에 나는 남편이 감염되어 격리될까 두려워 내내 마음 졸이며 살았다.

사람을 만나지 못해 정서적으로 외로운 사람도 힘들었을 것이고, 거리두기로 인해 영업하지 못한 자영업자들도 힘들었을 것이다. 하지만 하루하루 더해지는 삶의 무게를 어딘가에서 겨우 감당해 내고 있는 사람들이 있었음을, 여전히 그 무게를 어렵게 감당하고 있는 사람이 있음을 모른 척해서는 안 될 것이다.

도움벨이 아니라 도움벨 없는 사회가 필요하다

남편은 도움벨을 싫어한다. 도움벨을 누르는 것은 누군가에게 도움을 요청하는 것인데, 왜 장애인은 이렇게 매번 도움을 요청할 수밖에 없는 환경에서 살아야 하는지 모르겠다며 답답해한다. 그래서 회사 옆 은행에 갈 때도 바로 들어갈 수 있는 정문이 아니라 빙 돌아가야 하는 후문을 선택한다. 정문으로는 도움과 도움벨 없이 진입할 수 없는데 후문으로는 혼자 들어갈 수 있기 때문이다.

정문의 도움벨을 누르면 우선 그 요란한 소리에 주변 행인들의 시선이 모두 주목되고, "고객님, 제가 도와드리겠습니다" 하며 휠체어를 미는 직원의 모습에 또 한 번 시선이 꽂힌다. 휠체어는 뒤에서 밀어 주는 사람이 있을 때 더 편한 것이 아니다. 오히려 안전하고 평평한 길을 혼자 갈 때가 더 편하기도 한데, 휠체어가 어떤 원리로 작동하는지 잘 모르거나 휠체어 사용자의 입장이 되어 보지 않은 사람은 경사가 급해도 자기가 잘 잡아 주기만 하면 괜찮다고 생각하는 경우가 많다. 휠체어 사용자에게는 이 모든 상황이 불편하다.

대구시가 지역 내 편의점 100곳에 도움벨을 설치한

다는 기사를 본 적이 있다. "우리는 사회공헌으로 이런 것도 해" 같은 홍보성 기사를 보며 오히려 그 활동, 그 편의점, 그 지역이 곱게 보이지 않았다. 장애인들이 원하는 것은 도움벨과 도움벨을 누르면 나오는 자기를 도와 줄 사람이 아니다. 계단 대신 경사로가 설치되어 비장애인들과 다르지 않게 들어갈 수 있는 편의점을 원하고, 휠체어를 타고도 마음대로 돌아다니며 물건을 고를 수 있는 환경을 원한다. 장애인을 온전히 소비자로 바라보고, 소비자 중심의 서비스 개선을 생각했다면 아마 '사회공헌'의 형태가 달라지지 않았을까.

장애인복지 현장에서 자주 쓰는 표현 '당사자주의'를 인터넷에 검색하면, "형사 소송 절차에서, 법원이 소송의 주도권을 당사자에게 주는 태도"라는 뜻풀이가 나온다. 장애인복지 현장에서 당사자주의도 같은 맥락으로, 장애인을 위한 정책이나 서비스의 주도권을 당사자가 갖는 것을 말한다. 장애인 정책과 서비스를 결정할 때나 장애인을 지원하는 서비스 계획을 세울 때 정책 입안자나 사회복지사가 아닌 당사자, 즉 장애인의 생각과 의견이 중심이 되어야 한다는 의미다. 너무나 당연한 일인데, 현실은 그와 다르기 때문에 당사자주의가 자주

언급되고, 때로는 '필요하다'는 공허한 주장으로까지 이어진다. 그 모습을 보면 가끔 쓸쓸해진다.

비장애인은 장애인 당사자가 될 수 없다. 하지만 당사자가 갖는 주도권을 당연한 권리로 존중하는 태도, 서비스를 지원할 때 당사자를 중심에 두고 생각하는 당사자주의는 가질 수 있다. 나는 장애인복지 현장에서 처음 일할 때부터 당사자주의를 기본 가치로 품고 있었고, 스스로 '나는 당사자주의를 가진 실무자다'라고 자부하던 시기도 있었다. 하지만 남편과 결혼해 정말로 당사자와 살아 보니, 나의 당사자주의는 딱 장애인복지 현장에서 일하는 실무자 수준이었다. 일이 아닌 삶에서 더 많은 장애인을 만나고 더 소소한 일상을 함께 보내야 진짜 '당사자주의'를 갖출 수 있다.

우리나라 총 인구는 대략 5000만 명, 그중 5퍼센트인 250만 명이 장애인이다. 비장애인은 대략 4750만 명. 숫자로만 보아도 장애인은 확실히 소수다. 그런데 모두가 행복한 사회는 다수가 행복한 사회보다 소수가 행복한 사회에서 더 빨리 실현된다. 높은 시민의식과 환경에 대한 존중, 동물과 더불어 살아가는 삶 모두 소수를 우선하면 더 빨리 이룰 수 있다. 나아가 비장애인 4750만 명이 당사자주의를 가지면 장애인은 소수지만 소수자가 되지는 않을 것이다. 소수자로 차별받는 일, 소외되고 혐오의 대상이 되는 일도 사라질 것이다. 그런 날이 어서 보고 싶다.

장애인과 함께 사는 법
: 다양한 몸 사이의 경계를 허물기 위하여

2022년 4월 24일	초판 1쇄 발행
2024년 6월 14일	초판 7쇄 발행

지은이
백정연

펴낸이	**펴낸곳**	**등록**
조성웅	도서출판 유유	제406-2010-000032호 (2010년 4월 2일)

주소
경기도 파주시 돌곶이길 180-38, 2층 (우편번호 10881)

전화	**팩스**	**홈페이지**	**전자우편**
031-946-6869	0303-3444-4645	uupress.co.kr	uupress@gmail.com

	페이스북	**트위터**	**인스타그램**
	facebook.com	twitter.com	instagram.com
	/uupress	/uu_press	/uupress

편집	**디자인**	**조판**	**마케팅**
사공영, 백도라지	이기준	정은정	전민영

제작	**인쇄**	**제책**	**물류**
제이오	(주)민언프린텍	다온바인텍	책과일터

ISBN 979-11-6770-026-1 04330
979-11-85152-36-3 (세트)